O QUE APRENDI COM O SILÊNCIO
UMA AUTOBIOGRAFIA

MONJA COEN

2ª re

||(Academia

Copyright © Monja Coen, 2019
Copyright © Editora Planeta do Brasil, 2019
Todos os direitos reservados.

Preparação: Fernanda França
Revisão: Vanessa Almeida e Project Nine Editorial
Projeto gráfico e diagramação: Sergio Rossi
Concepção de capa: Rafael Brum
Composição de capa: Departamento de criação da Editora Planeta do Brasil
Fotografia de capa: André Spinola e Castro

DADOS INTERNACIONAIS DE CATALOGAÇÃO NA PUBLICAÇÃO (CIP)
ANGÉLICA ILACQUA CRB-8/7057

Coen, Monja
    O que aprendi com o silêncio / Monja Coen. – São Paulo: Planeta, 2019.
    232 p.

ISBN: 978-85-422-1778-0

19-2049   CDD 922.943

Índices para catálogo sistemático:
1. Não ficção - Monjas budistas - Autobiografia

2020
Todos os direitos desta edição reservados à
EDITORA PLANETA DO BRASIL LTDA.
Rua Bela Cintra 986, 4º andar – Consolação
São Paulo – SP CEP 01415-002
www.planetadelivros.com.br
faleconosco@editoraplaneta.com.br

PREFÁCIO
por Clóvis de Barros Filho

O livro é uma doce biografia. Relato de uma vida que, como todas, nem sempre foi doce. Não há em suas páginas a pretensão de contar tudo. Como se fora relatório. Um registro historiográfico, na ordem precisa do que foi acontecendo.

Trata-se de uma reconstrução do passado vivido. Com a inteligência, o repertório, a lucidez e os afetos do presente. Do momento da escrita. O passado presentificado pela narrativa. Contado a partir do agora.

A autora joga a luz sobre experiências de outros tempos com o holofote da mirada bem fincado no seu tempo. Assim, as ocorrências revisitadas pelo relato vêm chanceladas por uma narradora que já não é mais aquela que protagonizara o episódio relatado.

Com essa liberdade que todo trabalho narrativo confere, o livro passeia por pretéritos perfeitos, imperfeitos e mais que perfeitos. Nas páginas de uma gramática de sabor ora suave e delicado, ora ácido, picante ou agridoce. Na intuição do chefe que define o tempero, meneando o holofote. Alumiando lá atrás, saltando pra cá pertinho e voltando. Fazendo das luzes a ribalta, do mundo um cenário e da vida uma arte sagrada.

E o leitor se vê gentilmente conduzido pra frente e pra trás. Deliciando-se na leveza do que vai sendo contado. Desapegando-se pouco a pouco das tolas referências do antes e do depois.

Neste livro, a vida apresentada é daquela que hoje conhecemos por Monja Coen. A obra despertará o interesse e a curiosidade de muitos leitores. Afinal, além de mim e de você, ela tem zilhões de fãs por aí.

E não só no nosso país. Pude comprovar a admiração de portugueses, angolanos e moçambicanos pelo seu trabalho. Pelas coisas que diz sobre a vida. Pelo jeito que apresenta suas ideias. Pela sua alma, em suma. Fosse eu mais rico em andanças internacionais e arriscaria aqui a sua relevância planetária, a sua presença universal.

A autora desta autobiografia me foi apresentada na cidade de Uberlândia. O evento fora organizado pela prefeitura. Com o apoio de alguns patrocinadores privados. Tudo ali tinha a ver com tecnologia. Com inovação. E também com jovens.

Eis que em meio a meninada, surge a figura iluminada e alteada da Monja. Veio até mim, dizendo-se minha fã e admiradora. Que teria imenso prazer em assistir minha palestra. Que falaria logo depois de mim. E que estava apreensiva de ter que me suceder na tribuna. Segundo ela, por conta da energia que eu imprimia nos meus discursos.

Atarantado pela sua presença, ciente que houvera conhecido ali alguém de quem, como poucas pessoas que encontramos na vida, não esqueceria mais, aflito também pela presença de centenas de pessoas que solicitavam nossa atenção, mal pude responder as suas palavras.

Minutos depois, lá estava eu, atrás do púlpito. Verbalizando os discursos costurados sob medida para aquele evento. Sobre o que significa a palavra "novo". Sobre a questão do tempo curto de existência frente a outra coisa "mais velha".

Falei sobre a ausência de valor imanente. O fato do novo, em si mesmo, não ser nem bom nem ruim. Nem adequado nem inadequado. Nem agradável, nem desagradável. Nem eficaz, nem ineficaz. Apresentei algumas condições possíveis do seu valor positivo. E só então, me senti a vontade para passar do novo à inovação.

A Monja Coen, instalada na primeira fila, tudo escutava com atenção. Eu podia vê-la. Muito bem, por sinal. Ajudado pelos óculos que usava na época. Sorrindo, meneando a cabeça, batendo palmas, comentando algo com quem a acompanhava. Ao final, levantou-se para aplaudir. Puxando a fila do auditório que foi atrás.

Não podia saber que aquela tinha sido a primeira e a última vez que veria com nitidez seu rosto. Exatamente um ano depois daquele primeiro encontro, na sequência de seis cirurgias, eu perderia uma parte significativa da visão.

A partir de então, instalou-se, entre mim e seu rosto, uma névoa. Foram-se os detalhes. Sobrou um contorno. Toda privação, sobretudo essas, de meio de caminho, cobram acomodação. Apego pelo remanescente. Não havendo muito como ver, ênfase no escutar. Uma voz inconfundível que reúne maciez e doçura com inegável firmeza.

Tudo isso porque nossas trajetórias voltariam a se cruzar. Por obra e arte da Editora Record. Propondo um diálogo. Que incidisse sobre alguma intersecção de nossas inquietações. Ética, valores, felicidade, etc. Um diálogo verdadeiro. Não uma mera justaposição de monólogos.

A intervenção de um e de outro seria, de fato, determinada pela fala anterior. Uma alma surpreendendo a outra e cobrando manifestação inédita. Pertinente à surpresa. Com uma pitada relevante de descontrole.

Esse segundo encontro aconteceu em minha casa. Na Rua Piauí, em São Paulo. A Monja, portanto, ali permaneceu ao longo de profícuas quatro horas. Com direito a café. Água. E bolo que polidamente recusou. Foi possível conhecê-la melhor. E a impressão inicial foi de certa forma corrigida.

Se, em Uberlândia, tive a impressão de se tratar de uma pessoa especial, agora tive a certeza de que não tinha a menor condição de avaliar a força do seu pensamento. Tampouco a elevação do seu espírito.

Como se aquela mulher jogasse em outra divisão. Treinasse sua alma com exercícios e movimentos superiores. Lapidasse suas ideias com lixas de idealidade. Esgrimisse argumentos e contra-argumentos com um florete de outro mundo.

Nas páginas que seguem, a vida da Monja. Como se não bastasse, contada por ela mesma. Num exercício de desnudamento intelectual e afetivo que faz lembrar Montagne. Pelo estilo, despojamento e coragem para falar de si. Do que mais importa. Da própria fragilidade.

Desde muito jovem, sempre disse aos incautos dispostos a fazer-me caso: há no mundo dois tipos de humano. Os que conseguem, em autoanálise fina, rir de si mesmos e os chatos de galocha. Os que sempre se dão bem. Terminando por alcançar o que pretendem. Com astúcia incomum, revertem cenários inicialmente desfavoráveis.

Esses, por serem chatos, acabam chateando. Até os mais pacientes.

Sendo assim, o que vale começa agora. O que importa está por vir. Muita ousadia aceitar esse prefácio. Mas, se ela mesma, a própria Monja Coen, me pediu para escrevê-lo, atrevimento ainda maior teria sido não aceitar. E correndo.

Agradecimento eterno por tamanha distinção.

O QUE APRENDI COM O **SILÊNCIO**

Não é exatamente uma biografia ou uma autobiografia. Nunca houve uma. Houve tentativas, romances baseados em trechos de minha vida e só.

Aqui deixo retalhos da memória.

Talvez quem tenha convivido comigo, em alguns dos episódios aqui relatados, venha a dizer que estou enganada, que as coisas foram diferentes do que eu me lembro.

Pode ser.

Não confirmo, afirmo nem reafirmo.

Fragmentos que o silenciar da mente deixou vir à superfície a dançar com imagens, música, sons, palavras.

Aprendi muito com o silêncio.

Ensinou-me a ouvir dentro e fora de mim mesma.

Ensina-me a quietude viva e excitante de jamais repetir um instante.

Silenciar a mente incessante e luminosa não é calar apenas. É encontrar um estado de tranquilidade onde som e silêncio se mesclam.

Pausas e notas musicais.

Como poderia uma existir sem a outra?

Somos o pluriverso em movimento.

Tudo que existe é o cossurgir interdependente e simultâneo.

Nada tem uma autoexistência individual, substancial e independente.

Cada ser é o todo manifesto e não parte do todo.

Surge a responsabilidade, a ternura, o cuidado, a compaixão e, assim espero, a sabedoria perfeita.

Nada falta e nada excede.

Muitas pessoas querem saber da minha vida pessoal, antes, durante e depois. O depois ainda não sei. O antes mal me lembro e o durante é o agora. Ao mencionar o instante, ele se vai embora. Fui lembrando algumas lembranças.

Convido você a silenciar.

Convido você a ler e quiçá apreciar.

Em Buda me refugio.

No Darma me refugio.

Na Sanga me refugio.

Mãos em prece

Monja Coen

1. Instante zen

O ZEN ESTÁ ALÉM DE SUJEITO E OBJETO, ALÉM DAS DUALIDADES, ALÉM DO EU E DO OUTRO.

Era a manhã de um dia qualquer e eu havia saído para caminhar e passear com meu dogue alemão, Joshua, por Beachwood Drive, onde eu morava.

Beachwood Drive é a rua que leva às montanhas onde as grandes letras brancas de Hollywood estão afixadas. A madeira de praia (*beach wood*) conduz para a madeira sagrada (*holly wood*).

Joshua era um cão treinado, cinza-azulado, que podia andar sem guia. Um grande companheiro. Assim caminhávamos, quando avistamos Walter Sheetz, que descia a rua com sua bengala.

A figura de Walter era singela. Tinha as costas curvadas, poucos fios de cabelos brancos nas laterais da cabeça e pintava as sobrancelhas de marrom.

Hoovering eyes era como ele se referia aos seus olhos azuis. Perscrutando a realidade. Olhando em profundidade.

Sempre nos cumprimentávamos e trocávamos algumas palavras. Nesse dia ele me presenteou com um livro.

"Este é o best-seller atual. Você vai apreciar."

Walter continuou alegre a descer a rua, pela qual eu subia.

O nome do livro era *Alpha Brain Waves – Ondas mentais alfa*.

Voltando do passeio matinal – ainda não eram 7h da manhã, dei de comer a Joshua e levei o livro comigo ao Banco do Brasil, no centro de Los Angeles, onde eu trabalhava como recepcionista e secretária.

Trânsito de para-choque a para-choque (expressão comum nos Estados Unidos: *bumper to bumper*). Os carros ainda eram grandes e talvez houvesse uns cinco centímetros entre o para-choque da traseira de um carro e o para-choque da dianteira do carro logo atrás. Mulheres se maquiavam enquanto aguardavam o trânsito. Homens se barbeavam. Era também o momento de tomar café com donuts e ouvir as notícias no rádio.

Parecia que ninguém se apressava na Costa Oeste dos Estados Unidos. Seguíamos tranquilos nessa procissão até os estacionamentos e nossos locais de trabalho.

Eu tinha pouco mais de 30 anos, pesava 47 quilos e malhava três horas por dia, todos os dias da semana, em aulas de balé clássico, junto a atores, atrizes e bailarinos

profissionais. Em casa tinha uma barra de balé, e nas horas vagas me exercitava.

Meus cabelos eram longos e cacheados.

Usava saias justas e saltos altos, para estar de acordo com os padrões das mulheres de negócio de Flower Street.

Era feliz.

Meu marido trabalhava na indústria da música popular.

Jantávamos juntos e dormíamos juntos. Nem mesmo tínhamos tempo para televisão ou qualquer outra atividade.

De tempos em tempos eu ia assistir a um espetáculo de balé clássico ou show de rock'n'roll.

Visitava minha filha uma vez por ano, e ela passava uma das férias comigo em Los Angeles.

Meu marido e eu brigávamos às vezes – nem me lembro exatamente por quê.

Aos fins de semana limpávamos o apartamento, passeávamos com o cão em parques mais distantes e fazíamos as compras para a semana.

Até que o livro chegou.

Já fazia algum tempo que eu me inscrevera nas aulas do *Self-Realization Fellowship*. Eu recebia as instruções pelo correio e cabia a mim a autoavaliação do aprendizado e da prática. Mesmo antes de me levantar fazia exercícios de energização e respiração. Depois outras práticas de Kriya Yoga e meditava sentada em uma cadeira. Todas as atividades

orientadas pelas instruções que chegavam pelo correio. Não havia computadores, telefones celulares...

O livro que ganhei era de entrevistas feitas por uma repórter sobre ondas mentais alfa. O que seriam? Jogadores de futebol, de beisebol, de tênis, nadadores, corredores, enfim, grandes atletas entravam em alfa nos momentos mais importantes. Os vencedores estavam em alfa nos momentos decisivos.

Descobriram que meditadores experientes também estavam em alfa.

Será que a minha meditação, orientada pelo *Self*, estava me levando ao estado alfa?

Havia clínicas psicológicas que usavam eletrodos para levar o paciente a esse estado. Tentei até mesmo encontrar essas clínicas, sem sucesso.

O livro também entrevistava um mestre zen. O que seria o zen? Eu não sabia.

Enfim, era um monge que meditava. E havia sido confirmado pelos neurocientistas que meditadores entravam em alfa.

Perguntou a repórter ao monge:

"O que o senhor acha de usarmos eletrodos para induzir o mesmo estado alfa da meditação?"

"Se a Ciência diz que é possível, é porque assim é. Mas, por que entrar pela janela?", respondeu o monge.

Entrar pela janela. Então há uma porta. A porta que o monge apontava era a porta do zazen, a meditação zen-budista.

Naquela época, final da década de 1970, ainda havia lista telefônica. No banco tínhamos apenas um grande computador. As máquinas de escrever eram elétricas e estavam surgindo as máquinas com memórias.

Procurei pelo Z na lista e lá estava o Zen Center de Los Angeles. Telefonei. Havia aula prática zazen para iniciantes aos domingos de manhã. Bastava chegar e fazer uma pequena doação.

Pedi ao meu vizinho, Walter, de 86 anos na época, que me acompanhasse. Afinal, ele me dera o livro para ler e eu temia ir encontrar esse grupo zen desconhecido e sedutor.

Fomos juntos.

Walter tinha um Chrysler do final da década de 1950, muito bem tratado e conservado. Era branco e verde, cromos brilhando e os pneus faixa branca.

Chegamos juntos num bairro mestiço – bairro onde moravam latinos, coreanos e alguns norte-americanos. Era um bairro menos limpo, a música era mais alta. Walter se preocupou, mas encontrou uma vaga bem na porta do endereço que me haviam dado.

Era uma casa simples, comum, um jardim com pinheiros pequenos na frente. Para entrar, pediram que tirássemos

os sapatos. Walter tinha ido com seus sapatos de domingo, de cromo alemão marrom. Uma das joias que fora capaz de guardar dos tempos em que fora rico.

A sala tinha uma lareira à direita de quem entrava, uma porta quase em frente à porta de entrada e outra sala ao lado. No chão havia almofadas pretas e algumas outras pessoas já estavam aguardando, em pé.

Uma jovem bonita de cabelos lisos e curtos nos recebeu. Primeiro nos perguntou por que estávamos lá. A impressão que me deu é que tentava nos desencorajar a ficar. Seja o que for que esperássemos encontrar ela sempre dizia que lá não encontraríamos.

Depois nos explicou como sentar na almofada, manter os olhos entreabertos e observar em profundidade a nós mesmos. Se a mente estivesse muito dispersa, que tentássemos contar de 1 a 10 – apenas as expirações.

Era difícil.

A mente pulava de um pensamento a outro. Contava histórias sobre as pessoas na sala – *a moça de pernas peludas era da turma que se negava a raspar as pernas? Libertação das mulheres? E o que estaria por trás da porta do outro lado?* – Eu estava sentada bem próxima a ela. *O que haveria?*

Minha imaginação me levou a ver um monge japonês, de quimono branco, entrando para a outra sala e deixando duas sandálias de madeira e tiras brancas na porta. *Como?*

Estaria eu realmente vendo isso? (mais tarde pude saber que era absolutamente impossível que um monge japonês entrasse por aquela porta, pois ela era mantida trancada).

Mas tive certeza que era por causa desse monge japonês, de branco, que eu estava ali. Era com ele meu relacionamento. *Quem seria esse monge? O mestre Maezumi Roshi?* Nunca pude esclarecer definitivamente.

O tempo da prática terminou – dez minutos de meditação sentada, cinco caminhando, mais dez sentada, outros dez conversando e fomos embora.

Os sapatos de cromo alemão haviam sido roubados.

Walter voltou guiando descalço.

Lamentei que, por minha causa, tivesse perdido seus sapatos.

Ele não se importou.

A partir desse dia iniciei práticas diárias de zazen.

Cinco minutos pareciam uma eternidade.

Queria sentar em lótus completa e meu corpo doía.

Balé nos dá muita consciência do corpo, dos músculos e das dores.

Colocava um relógio na frente e um bastão de incenso.

O tempo não passava, o incenso não queimava nunca.

Voltei, sozinha, mais duas vezes ao Zen Center de Los Angeles.

Encontrei outro professor: era um jovem monge de olhos azuis, cabeça raspada e sorridente. Entre várias explicações, contou que, ao ir para a aula, viu na rua uma menina tomando sorvete. Imediatamente ficou com vontade de tomar sorvete. Mas, lembrou-se de que havia acabado de fazer uma farta refeição durante o café da manhã.

"...é como se eu estivesse sentindo o prazer e a alegria da menina tomando o sorvete. A vontade do sorvete não era minha, era dela. Ao perceber isso, deixei de lado o desejo de tomar sorvete."

Esse era um ensinamento interessante.

Quantas vezes sentimos vontade de algo que não é a nossa própria vontade, mas a cópia de alguém?

Zazen quer dizer sentar em meditação. Um meditar onde o objeto da meditação é a pessoa que medita. Zazen nos permite observar em profundidade a nós mesmos.

Basta estar atento a todas as nuances da mente e do corpo. Passei a praticar em casa todos os dias e fui descobrindo o silêncio entre os pensamentos e as emoções. Pequeninos silêncios... Sons de pássaros, carros, vozes. Não som.

O passo seguinte era um dia todo de práticas no Zen Center. Eu me inscrevi e fui sozinha.

Houve prática de zazen, conversas e uma entrevista individual com a monja e mestra Charlotte Joko Beck.

Entrei na sala onde ela me esperava, sentada no chão, na posição de zazen. Estava de preto e tinha grandes olhos claros, óculos antigos, arredondados. Seu nariz era reto e fino. Perguntou-me:

"Como vai você?"

E eu, no automático, respondi:

"Bem, e você?"

Percebi pela surpresa em sua face que minha pergunta não era adequada. Ela disse um "bem" rapidinho e continuou me perguntando por que eu havia ido ao Zen.

A memória tem falhas.

Não me lembro muito mais desse primeiro diálogo com quem foi a minha primeira mestra e orientadora de iniciação no zen-budismo.

Minha rotina foi se modificando. Acordava todos os dias antes do amanhecer para fazer zazen. Relógio e incenso à minha frente. Havia comprado um zafu preto – almofada para meditar. E em vez dos exercícios na barra de balé, sentava em silêncio. Dez minutos. Alguns dez minutos eternos, outros rápidos.

Eu estava mudando, entrando em outra fase da vida.

As brigas e discussões com o marido continuavam, mas Joko Sensei me recomendava que observasse em profundidade e compreendesse que ele era o meu mestre.

Ele, o marido que me provocava, estava apontando e apertando meus botões.

Que botões eram esses? De raiva, impaciência, ciúmes, poder?

Botões também de amor, sexo, ternura, alegria, brincadeiras.

Comprei um hakama preto – roupa adequada para meditar.

A primeira vez que me aventurei a ir ao zazen das 5h15 da manhã, cheguei um pouco tarde.

A porta da sala de meditação estava fechada.

Pela janela pude ver um grupo de homens de terno fazendo reverências até o chão. (É bom lembrar que ninguém ia de terno ao Zen Center e nem havia a prática de muitas prostrações completas. O que teria sido essa visão?)

Fui olhar e bati na porta da edificação ao lado, que pertencia ao Zen Center. A porta também estava trancada e as pessoas lá dentro estavam ocupadas preparando o café da manhã.

Na escada para a varanda havia um sapo. Atrás de mim ficava um lago pequeno com carpas.

Voltarei outro dia, pensei, e fui para o trabalho.

Os passeios com Joshua passaram a ser mais cedo.

Algumas vezes, ao sair do banco, passava pelo Zen Center para meditar.

Minha vizinha do apartamento em Hollywood estava fazendo a dieta de Beverly Hills e me passava os alimentos para cada dia. Com as aulas de balé e a dieta fiquei com 47 quilos – eu costumava pesar 56 – e precisei comprar roupas novas, pequenas. Meu corpo era só músculos, quase nada de gordura. A minha vizinha não emagrecia.

No Zen Center anunciaram que haveria um retiro.

Quis me inscrever, mas disseram que talvez eu não estivesse preparada, que seria necessário comer em tigelas e com pauzinhos (hashis).

Ora, refleti, *sei comer com hashi e posso comer em tigelas.*

Eu havia aprendido a comer com os pauzinhos orientais com 13 anos de idade, em Paris, em um restaurante vietnamita, no Quartier Latin, perto da Sorbonne. A dona do restaurante era linda, alta, magra, de vestido longo com grandes aberturas laterais. Seus dedos eram longos e ela tinha muitos anéis de jade e de ouro. Ensinou-me a pegar os pauzinhos vietnamitas – o que ficou para sempre como parte da minha vida. A memória dela também ficou gravada. Eu tinha certeza que sabia comer com os hashis, comentei no Zen Center de Los Angeles.

"Não é bem assim", me explicaram. "Há um ritual e as tigelas precisam estar embrulhadas em um guardanapo."

Só isso?, pensei eu.

Na hora do almoço, em vez de ir meditar pelas igrejas do centro de Los Angeles. ou nos jardins suspensos, como sempre fazia, fui a uma loja procurar o material exigido. Encontrei uma tigela de madeira da Tailândia, um par de hashis e um guardanapo.

Assim, pensando estar munida do necessário, fiz minha inscrição e cheguei numa sexta-feira por volta das 18h no Zen Center.

Primeiro, antes de entrar para o retiro, havia aula do ritual da refeição.

Percebi que minha tigela era imprópria. Usavam três, que se encaixavam uma dentro da outra. Emprestaram-me as tigelas que tinham para isso, perdi o primeiro período de zazen, mas pudemos ir para o segundo e final período daquela noite.

Fui dormir na casa de um casal que residia na comunidade. O marido estava dormindo em outra casa.

Os dez minutos se tornaram trinta e cinco minutos de zazen.

Havia sinos, silêncio, o amanhecer.

Havia dor, desconforto, filas de espera para falar com a mestra orientadora.

Charlotte Joko Beck – uma grande mestra – me estimulava e incentivava a não desistir.

Durante cada período de zazen eu pensava: *quando o sino bater, vou embora.*

O sino batia, nós andávamos em silêncio pela sala e eu ficava mais um período.

Consegui terminar meu primeiro retiro.

Foi difícil e estimulante. Havia começado a conhecer minha mente num nível de intimidade jamais imaginado.

Pessoas desconhecidas sentavam ao meu lado, mas eu sempre sentava comigo mesma. Pensamentos, memórias, expectativas, sentimentos. Imagens surgiam na parede branca. A mente conversa com a mente. O eu reconhece o eu.

Passei a frequentar a sala de zazen em muitos outros horários.

Ganhei uma chave, como só os residentes tinham, assim poderia usar o zendo (sala de zazen) sempre que quisesse e mesmo que o Zen Center estivesse fechado, sem atividades regulares.

Assim, alguns domingos à tarde, eu entrava, muitas vezes, num zendo vazio. De vez em quando havia uma outra pessoa sentada, que antes de ir embora sussurrava em meu ouvido: "Ao sair, apague a vela".

No altar de Manjusri Bodisatva – o ser iluminado da sabedoria, imagem principal de uma sala zen de meditação

– sempre há um vaso de flores, uma tacinha com água pura, uma vela e um incensário. Quem fosse praticar em horários diferentes dos estabelecidos podia acender a vela e colocar um incenso, desde que sempre se lembrasse de apagar antes de sair. Como eu não havia acendido a vela, a pessoa que o fizera, ao sair sussurrava suavemente.

Grande respeito por quem está em zazen. Não se deve falar alto com alguém em meditação.

No silêncio do zendo eu pressentia a chegada de meu marido indo me buscar. Ele me deixava no Zen Center e ia me buscar cerca de uma hora depois. *O que será que ele fazia nesse intervalo?* Nunca soube, nem me preocupei. Entretanto, a prática me tornava sensível e eu sentia meu marido chegando na rua, como se houvesse comunicação além da audição e da visão.

Havia um jogo de luzes dos últimos raios de sol entrando pelas frestas das janelas, incenso, sala vazia, eu e a parede.

Revivi a história da minha vida.

Joko Sensei me acompanhava e estimulava nas entrevistas individuais que tínhamos semanalmente.

Fiz o primeiro retiro de sete dias e sete noites.

Terminei em pranto comovido, sem saber por que chorava.

Saí de lá com a certeza de que queria morar na comunidade, largar o marido e o emprego, e me tornar uma *trainee* (aprendiz).

Joko Sensei foi, a princípio, contra. Que não largasse o emprego e o marido. Mas não a ouvi. Eu tinha algum dinheiro economizado e isso me permitiria ficar três meses como *trainee*. Inscrevi-me e me mudei.

Deixei as saias justas, as roupas elegantes e os saltos altos na "butique" de trocas, com livros que não tinha onde guardar. E me surpreendi ao ver que grande parte dos livros que eu lera, também estavam ali. Muitos dos praticantes haviam lido o que eu também havia. *Que interessante!*

Aos poucos fui cortando os cabelos, usando apenas as roupas adequadas à prática, deixei o balé e passei a nadar na piscina de um hotel próximo.

Nos dias de folga semanal, domingo à tarde e segunda, ia para Venice Beach ou Malibu, onde tomava sol e nadava.

Era bom.

Meu hakama – vestuário típico dos samurais, espécie de saia-calça – teve de ser tingido inúmeras vezes.

De preto ficava cinza, tanto que eu o usava e lavava.

Estava sempre bem passado. Precisava alinhavar cada prega. Nunca pensei que eu seria capaz de fazer isso com tanta alegria.

Meu aposento era no andar superior à sala de zazen.

Havia três quartos para praticantes residentes, um banheiro coletivo – com banheira, na qual eu tingia o hakama – e a sala dos fundadores, com estátuas dos monges fundadores no Japão – mestre Eihei Dogen Zenji (1200-1253) e mestre Keizan Jokin Zenji (1268-1325). No centro uma fotografia do falecido pai de Hakuyu Taizan Maezumi Roshi (1931-1995), fundador oficial do nosso templo. Existia uma urna, coberta por tecido brocado, com seus restos mortais. Só monges, monjas e praticantes antigos, que houvessem recebido os Preceitos Budistas podiam entrar em dias especiais. A porta não ficava trancada, mas não entrávamos. Eu havia visto as pessoas que limpavam a sala deixar a porta aberta por alguns momentos, contudo nunca pensei em entrar sozinha. Até que, anos mais tarde, me pediram para ser a responsável por essa sala.

Certo dia, ao limpar os altares, coloquei uma das mãos sobre a urna das cinzas do fundador. Um pequeno choque agradável percorreu minha mão e meu braço. Imaginação?

Eu havia solicitado os votos monásticos. Queria ser monja. Parte do treinamento era a honra de acordar bem cedo, fazer reverências e preces em frente aos altares dos fundadores, passar um pano branco e úmido em um pedaço de madeira de um metro e meio de comprimento (que parecia um varão de cortina). Essa madeira representava o corpo dos fundadores, os quais, todas as manhãs, eu acordava,

banhava e depois lhes servia água pura, água quente adocicada, doce e chá. Um pequeno bastão de incenso queimava lentamente exalando uma fumaça de pinho, que se elevava ao altar.

À meia-luz, aguardava a chegada do nosso professor ou de quem o substituiria na manhã. Essa pessoa oferecia incenso e fazia três prostrações completas sobre a almofada acolchoada colocada bem em frente ao altar. Eu me mantinha afastada. A atendente ou o atendente do/a professor/a tocava o sino grande, ao lado do altar, cada vez que a cabeça do professor tocasse a almofada.

Depois de saírem eu fazia uma prostração, apagava a vela e as luzes da sala e descia para o zazen matinal.

Nunca perdi um único período de prática.

Tínhamos também aulas sobre os ensinamentos de Buda. Os professores eram jovens monásticos, em treinamento.

"Imagine que tudo que já existiu, que existe e que possa existir tenha como matéria-prima o ouro. Então haverá pessoas, cachorros, casas, insetos – tudo feito da mesma matéria-prima. Essa matéria-prima chamamos de Natureza Buda."

Sem dúvida essa analogia foi esclarecedora para mim. Somos todos a mesma matéria-prima – vida cósmica – em diferentes formas.

O que é a Natureza Buda? É a matéria-prima? É cada criatura, pensamento, emoção, sentimento, fala e silêncio.

Estudávamos uma apostila organizada por um discípulo de Yasutani Hakuun Roshi – mestre zen japonês que havia ido aos Estados Unidos várias vezes liderando retiros e auxiliando o jovem Maezumi Roshi a transmitir os ensinamentos. Essa apostila tinha o título de *Oito aspectos do budismo*. Hoje é um livro que editamos em português e muito útil à compreensão do Darma de Buda (ensinamentos sagrados).

Pouco tempo depois de me mudar para o Zen Center, vendi meu carro para um praticante da comunidade, me desfiz de chaves, cheques (ainda não existiam cartões de crédito), roupas, livros, sapatos, marido. Livre e solta no universo me atirei no zen-budismo.

Mergulhei de cabeça nas profundidades da minha própria mente.

Aliás, era o que todos no Zen Center estavam fazendo.

Nessa época a comunidade de residentes era formada por cerca de 70 pessoas – monges, monjas, leigos e leigas.

Eu me tornei parte de um grupo de mulheres e homens aprendizes.

Que alegria!

Sentia-me leve, feliz, simples, sem nada extra além do essencial para praticar.

Certa manhã, ao chegar ao escritório de publicações, onde eu era a secretária, uma praticante mais antiga, que aspirava a sala de entrada, parou o aspirador e, olhando para mim, perguntou:

"Você nunca se sente aborrecida?"

Eu me surpreendi que alguém pudesse se aborrecer num lugar tão agradável e nessa procura tão instigante.

Não havia lido nada sobre o zen. Não conhecia as poesias de Alan Watts, nada sabia sobre o Japão. Mas me interessava essa viagem ao interior de mim mesma. O questionamento básico continuava vivo desde a pré-adolescência.

O que é vida e morte?
Deus?

Lembrei-me de uma conversa com minha mãe, aos 11 anos de idade. Estávamos na sala de visitas da casa. Móveis clássicos, sofás, poltronas, quadros, cortinas, espelho na parede e lustres de cristal. Minha mãe estava sentada no banquinho do piano, de costas para o piano e de frente para o espelho que ficava sobre a lareira.

Nesse dia tivéramos uma discussão. Já nem me lembro mais por quê. Mas, sentada na cadeira de seda listrada, olhei firme para minha mãe e falei:

"Amor e ódio caminham juntos. Somos capazes de odiar a quem mais amamos. Amor e ódio são um par."

Eu amava muito minha mãe. Gostava de ficar bem pertinho, de sentir seu carinho, de ler para ela os livros de Antropologia, Psicologia, Pedagogia – do curso de pós-graduação que ela fazia na USP.

Minha mãe me ensinara a escrever meu nome, segurando minha mão e dizendo que era um trenzinho. O lápis não se levantava do papel. Estávamos na copa de casa. Parecia que não havia mais ninguém. Eu, sentada na cadeira da minha mãe, ela em pé, segurando minha mão direita. A mágica de escrever. Momento inesquecível. Absolutamente presente. Momento zen.

Na mesa da copa, geralmente eu me sentava num banquinho mais alto, na cabeceira. Minha irmã mais velha dizia que eu era a queridinha da mamãe.

Ela era a queridinha do papai.

Eu aprendera a declamar muito cedo, e com 6 anos de idade surpreendia parentes e amigos nas festas e reuniões de família. Sem saber ler, decorava poemas longos. Eram poemas sobre crianças, mas não para crianças.

"O crime de hoje" era o nome de um deles. A história de um menino que vendia jornais nas esquinas e gritava "o crime

de hoje", mas sem saber ler não percebera que o criminoso era seu pai.

Outra poesia que decorei nessa época foi "O moleque Bacurau", que contava a história de um menino negro, discriminado e excluído pelas crianças brancas. Ele era pobre, tão pobre, que morrera de fome e tuberculose.

Minha declamação era emocionada, clássica, dramática.

As pessoas se comoviam, crianças se assustavam e minha mãe se alegrava com o comentário:

"Filha de peixe peixinha é."

Tínhamos afinidade, minha mãe e eu – no afago, no carinho, na poesia. Eu era parecida com ela e com as pessoas da sua família: arte, música e dança eram as noites de encontro familiar. Saraus? Não usávamos esse nome. Era apenas noite de festa, de encontro, de música, de poemas e de alegria. Sem álcool, sem tabaco, juntando os filhos do irmão mais velho do meu avô (13 filhos e filhas), com suas esposas, maridos, filhos e filhas, mais os três filhos vivos de meus avós, meus avós e nós – minha irmã mais velha e eu, as duas primeiras netas. Primos e primas de minha mãe com seus parceiros e parceiras. Era muita gente. Meu avô teve 16 irmãos e irmãs... Nem sei quantos parentes estão espalhados pelo mundo.

Quando nasci, segunda filha, era o ano de 1947.

Minha mãe era professora em escolas públicas – numa carreira que terminaria como inspetora do ensino secundário, na função de fiscalização das normas de ensino e administração das escolas públicas, como funcionária do Ministério da Educação.

Sua paixão, além da pedagogia e psicologia, era a poesia. Minha mãe, desde jovem, declamava em reuniões familiares, nas escolas, no clube Venâncio Ayres, da cidade de Itapetininga, onde meus avós moraram na fazenda Sabiaúna (hoje um bairro). Declamava no palácio dos Campos Elíseos, residência do governador de São Paulo, com quem meu pai trabalhava, e também deu um recital no Teatro Municipal. Quase tudo antes de eu nascer.

Quando conheceu meu pai ela estava na Escola Normal do Instituto de Educação Caetano de Campos, na Praça da República. Os dois competiam para ser os primeiros alunos da classe. Adoravam estudar, haviam escolhido a mesma profissão de seus pais – o magistério – e assim se apaixonaram. Minha mãe morava em um pensionato de freiras católicas, para jovens de famílias do interior que vinham estudar em São Paulo, e meu pai, filho de um professor de português, latim e francês do Instituto de Educação, morava com seus pais, dois irmãos e três irmãs na rua Barão de Itapetininga. Para chamar minha mãe, assobiava da calçada em frente à sua janela. Homens não entravam no pensionato e as meninas eram proibidas de sair com os meninos. A conversa era feita de longe, havia cartas e bilhetes de amor.

Quando, nas férias ou feriados, minha mãe ia para a fazenda, em Itapetininga, meu pai se organizava para encontrá-la. Dormia nas portas das igrejas ou bancos da estação de trem. Não tinha dinheiro. Meu avô, pai de minha mãe, se incomodava com esse jovem, muito mais novo que minha mãe, e não o aceitava como hóspede da fazenda.

Uma vez minha mãe o convidou a conhecer a família.

Meu avô permitiu que ele se sentasse na varanda da casa grande, onde estavam todos reunidos. Sem conversar ou dar importância ao intruso na família, descascava cana-de-açúcar, cortava em pedaços pequenos e dava para suas filhas e para seu filho. Nunca deu um só pedaço ao meu pai – ele recebia o que minha mãe lhe entregava. Namoro não aceito. Os pais dele também não concordavam. A moça era grã-fina, de família tradicional paulistana (quatrocentona era chamada nessa época), sete anos mais velha do que o menino perigoso.

Menino perigoso era como se referiam ao meu pai quando criança.

Levado, subia em árvores, usava estilingue, colocava sal no rabo dos passarinhos para não voarem, vivia esfolado, cortado, machucado. Pegava mangas do vizinho, sem permissão. Quase sempre precisava de advertências e castigos.

Todos os domingos as crianças eram banhadas e vestidas para ir ao cinema. Havia filmes que eram exibidos em série, como novelas. Cada semana um capítulo que terminava deixando vontade de ver o resto. Pois quando meu pai fazia coisas erradas, meu avô esperava o horário de saírem para o cinema. Cada filho e filha ganhava a moedinha para a entrada do cinema. Quando chegava meu pai, vovô dizia: "Não. Você não vai. Está de castigo". E não havia argumento. Ficava com a roupinha limpa e passada a ferro, amuado num canto da casa, chupando o polegar.

Ele era o mais novo dos meninos. Só havia uma irmã mais nova do que ele. Os pais vieram de Portugal. Vovó considerava que apenas portugueses eram pessoas boas.

Castigo ou carma? Seus filhos se casaram com pessoas das mais diferentes origens e tradições. Netos e netas de todas as cores e etnias.

Idosa, no seu quartinho à meia-luz, para visitá-la não podíamos usar nem mesmo sabonete perfumado. Ela era muito sensível a cheiros. Era séria e suave, brincava pouco – comparando com meu avô que brincava muito. Vovó usava sempre um avental sobre seus vestidos simples. As cadeiras eram largas, seu sorriso era manso. Amava meu avô e o amou a vida toda. Certa ocasião tiraram uma foto juntos e fizeram cópias para cada um dos filhos e filhas. Na foto escreveram: *Amor Eterno*. Os dois se amam eternamente. Fiéis companheiros, passaram juntos as dificuldades dos imigrantes da Santa Terrinha, ao chegar ao Brasil.

Meu avô era brincalhão, alegre, e tinha uma lata de cor alaranjada com castanhas-do-pará. Delícia. Trabalhava muito. Usava óculos de aros arredondados, sempre de terno. Quando caminhava pelas ruas as pessoas o cumprimentavam respeitosamente: "o professor".

Minha avó cuidava da casa, das 6 crianças e, em algumas ocasiões, de outras, que se hospedavam na casa, que se tornava uma espécie de pensionato. Filhas e filhos de fazendeiros ou pessoas do interior de São Paulo, que vinham estudar na capital. Essa casa-pensionato era na rua Barão de Itapetininga.

Tudo estava bem e tranquilo – tanto quanto pode ser em famílias grandes – até que meus pais se casaram. Vindos de famílias diferentes, logo as dificuldades começaram.

Ela, filha do fazendeiro, não pensava em economia – esbanjava.

Ele, filho de um professor e da irmã de um padre português, viviam de forma regrada, a economizar tudo.

Pois se casaram e por alguns meses tiveram de morar na casa dos meus avós portugueses. Meu pai tinha três empregos:

dava aulas de datilografia, trabalhava como bibliotecário e também em uma estação de rádio.

Minha mãe dava aulas em Santos durante a semana e ficavam juntos nos fins de semana.

Não era fácil. A vovó portuguesa reclamava da nora, que usava muito papel higiênico...

Assim, acabaram se mudando para um apartamento na rua Barão de Limeira, perto do palácio dos Campos Elíseos.

Meu pai fora convidado a organizar a biblioteca de um grande político da época. O homem viu o jovem dedicado e inteligente trabalhando muito. Fez dele seu secretário particular, depois secretário das Finanças da cidade de São Paulo e, mais tarde, secretário da Fazenda do Estado de São Paulo.

Desentenderam-se, depois de mais de quarenta anos juntos – e meu pai voltou, do universo da política com toda a adrenalina, para a tranquilidade de diretor do arquivo do Estado de São Paulo, até sua aposentadoria.

Uma vez me disse:

"A vida política é muito ingrata. Pessoas que viviam à minha volta, como se fossem meus grandes amigos, no dia seguinte a eu sair do cargo nem mesmo me cumprimentavam na rua."

Entendi. Não era a pessoa que era amiga. Era o cargo, as possíveis vantagens que poderia obter. O mundo da política nunca me atraiu.

Meu pai era muito discreto. Nunca comentou nada de sua vida pública nem do trabalho. Em casa era brincalhão e alegre como meu avô. Dizem que era muito sério nos locais de trabalho. Também era conhecido por sua honestidade e comentavam que ele era como a flor de lótus no lodo.

A flor de lótus tem uma característica única: nela a lama, a sujeira e o pó não se assentam. Suas raízes ficam na lama e por dentro essa raiz comestível é branquíssima. As imagens, estátuas, representações de Budas e Bodisatvas (seres iluminados) estão sempre sobre uma flor de lótus e muitos carregam botões de lótus em suas mãos, simbolizando a pureza.

Disseram-me que meu pai nunca perdeu a pureza.

A vida palaciana levou minha mãe a declamar nos Campos Elíseos e meu pai a vir cada vez mais tarde para casa. Algumas vezes a não dormir em casa.

Ele acabou se enamorando de sua secretária, mulher belíssima e muito culta, inteligente, filha de um grande médico de família francesa.

Naquela noite, minha mãe havia ido assistir a um espetáculo com sua vizinha, viúva. Chamava-se Cordélia. Era loira, de cabelos curtos cacheados e olhos claros. Brincava conosco com suas meias de seda, que quando se rompiam ela dizia que era um elevadorzinho e nos maravilhávamos vendo o fio subir e descer. Havia um abajur na sua sala e ela tinha um filho jovem.

No teatro (ou cinema), minha mãe notou que duas filas à sua frente estava meu pai e sua secretária sentados muito juntinhos. Ele havia dito que trabalharia até tarde. No intervalo (ou final), quando as luzes se acenderam, minha mãe se levantou furiosa e, apontando para os dois, falou em voz bem alta:

"Ali está meu marido com sua amante."

Cordélia pegou-a pelo braço e saíram. Meu pai ficou vermelho e embaraçado.

Mamãe pediu o desquite numa época em que mulheres desquitadas eram malvistas socialmente.

Papai não queria se separar.

Ele se ajoelhou, pediu perdão. Minha mãe foi irredutível. Traição não se desculpa, nem se perdoa.

"Seremos amigos, mas nunca mais um casal", disse ela. "Você cuidará de suas filhas. Será um pai excelente. Não as abandone. Marido nunca mais."

E assim foi. Recém-casado com seu novo amor, meu pai nunca deixou de nos visitar, de brincar, de trazer presentes e nos sustentar. Foi um bom pai, participando de nossas vidas.

Como era também um bom filho e bom irmão – cuidou de seus pais até a morte, de seus irmãos e irmãs. Era como se fosse o filho mais velho. Enterrou a todos e morreu, como não queria, num leito hospitalar, com aparelhos tirando água de seus pulmões e um respirador forte e incessante.

No dia em que os médicos decidiram que nada mais poderia ser feito, seus olhos azuis estavam bem abertos.

Antes de iniciar a sedação pude fazer as preces e contar a ele que a vida chegava ao fim, que poderia ir para a luz infinita.

Um raio de sol entrava pela janela. Minha irmã mais velha chorava e dizia:

"Meu menino, meu menino."

Era como se o papai fosse para ela o seu filhinho – que também havia morrido anos antes.

Minha irmã mais nova, filha do segundo casamento, quis passar a noite final com ele. Deveria ser meu turno, mas ela pediu muito para ficar. Afinal, era ela quem havia morado com ele, na mesma casa, a vida toda. Tinha seus direitos.

Lembrei-me de que na infância tínhamos muito respeito pelo nosso pai – eu e minha irmã mais velha. Ele não morava conosco e nossa mãe nos havia ensinado a respeitá-lo e amá-lo. Nunca falou mal dele para nós. Dizia apenas: "Não foi um bom marido, mas é um homem bom, excelente filho, irmão, pai".

Quando ele nos levava a algum passeio, se eu queria tomar sorvete, por exemplo, eu nunca pedia diretamente. Apenas apontava dizendo: "um sorveteiro". Ele deixava passar, não parava, continuava. Teria não entendido que eu queria sorvete?

Certa ocasião estávamos as três irmãs juntas no carro. Éramos crianças. Raramente saíamos as três. Geralmente meu pai saía apenas comigo e com minha irmã mais velha. A mais nova, que morava com ele, quase nunca víamos. Nesse dia, perto do parque Trianon onde íamos brincar no balanço, na gangorra, ver os bichos-preguiça e macaquinhos, vi o sorveteiro e apontei; minha irmã mais nova começou a gritar:

"Queremos sorvete, queremos sorvete."

Fiquei pasma. Jamais falaria assim com meu pai. Que confiança ela tinha com ele ao gritar assim! Era o Pai. Mais surpresas ficamos, eu e minha irmã, quando, depois de estacionar o carro, ele nos comprou sorvetes.

Desde aquele dia compreendi que minha irmã mais nova tinha um relacionamento com nosso pai que era de grande intimidade. Um relacionamento que eu nunca tivera, não tinha e jamais teria.

Brigas com ele, sim, houve e várias.

Choros, desobediências.

Causei.

Causei tristezas e preocupações.

Mas ele sempre esteve presente e me apoiou nos momentos difíceis da vida. Sentia-me amparada e sabia que meu pai e minha mãe confiavam em mim.

Quando quis me tornar monja, li nos textos sagrados budistas que deveria ter a aprovação dos pais: vivos ou mortos.

Meu pai sempre me deu a impressão de ser ateu. Não ia a igrejas e sua experiência no mundo político com membros das tradições espirituais fez com que não acreditasse nas instituições religiosas nem em seus dogmas.

Minha mãe era Católica Apostólica Romana. Minha avó, filha de Maria. Meu avô materno, relutante, as acompanhava às missas. Minha mãe também gostava de ir a curandeiras, leituras de futuro e tinha uma percepção extrassensorial muito forte. Se entrasse uma borboleta preta é que alguém ia morrer... e ela sabia até mesmo quem seria.

No dia do meu nascimento, quando estava entrando na sala do parto, no terceiro andar do hospital, ela viu o vulto de uma freira passando pelo lado de fora da janela.

Voando?

Sua conclusão era de que seria uma menina.

Sim, menina. Fórceps, um dos ombros foi deslocado.

Vim mamar com um dos braços enfaixado para cima.

Talvez ficasse deficiente. Dos Estados Unidos encomendaram um artefato de couro que embrulharia o braço do bebê. Mas, minha mãe orou. Orou com toda fé para o Coração de Jesus e, no dia em que tiraram as faixas do braço para colocar o aparelho ortopédico, minha mão se moveu... estava curada.

Milagre!

Esse sentimento de fé e de leitura de sinais invisíveis, sempre acompanhou minha mãe.

A ela eu prometera que, embora viajasse muito e morasse fora, estaria ao seu lado na velhice.

Causas e condições facilitaram para que eu cumprisse meu voto.

Estive com ela até seus momentos finais. E ela morreu como queria, em sua casa, em seu quarto, cercada por suas filhas e netas. Tinha 96 anos de idade e era linda.

Meu pai morreu no hospital.

Assim como minha mãe, ele também havia pedido para morrer em casa, que não fosse entubado. Mas, não conseguimos. Teve pneumonia, depois precisou fazer outros procedimentos. Esteve entubado, na UTI. Depois foi para o quarto, precisaram abrir um dos pulmões para drenar. Respirava forçado por um aparelho. Boca seca. Por algumas horas a funcionária da casa de minha irmã mais nova ficou com ele no hospital. Tentou molhar seus lábios com um algodão. Parece que ele engoliu esse algodão. Morreu com 96 anos de idade.

Minha irmã mais nova me telefonou.

Eram 6h da manhã aproximadamente.

Que viesse logo, ele estava morrendo. Eu o havia deixado na noite anterior com ela e o marido. Os dois assistiam à TV e ele adormecia na cama hospitalar.

Saí correndo, com minha discípula. Ao chegar ao hospital havia uma pessoa na minha frente fazendo ficha de visitante. Eu estava com pressa. O elevador demorou. Quando entrei no quarto ele já havia morrido. Segundos...

Minha irmã e o marido foram embora. O médico de plantão entrou para confirmar o óbito. Olhou para mim e disse: " Ele está muito bem, num lugar muito lindo".

Como foi bom ouvir isso.

Minha irmã mais velha veio, confirmou a morte e foi visitar seu neto e sua filha.

Fiquei no quarto e três jovens enfermeiras muito bonitas vieram fazer o tamponamento. Queriam, pois que queriam, que eu saísse do quarto. Expliquei que era monja e que precisaria orar durante os procedimentos.

Não podia, não podia e... o telefone tocou. Era minha sobrinha. Enquanto falava com ela e orava elas fizeram o tamponamento.

Depois, olharam muitas vezes para o corredor e só quando não havia ninguém passando, levaram a maca com o seu corpo para o elevador.

Desci por outro elevador e fui encontrá-lo no Necrotério da Santa Casa de Misericórdia de São Paulo.

Estava sozinho. Não havia outros mortos, outros corpos.

Pude fazer todas as orações budistas de encaminhamento a um morto.

Amarrei seu queixo com uma gaze hospitalar. E saí para cuidar do atestado de óbito e da funerária.

Pensei que ele era viúvo, porque minha mãe e sua segunda esposa morreram antes dele. Mais tarde fiquei sabendo que não era viúvo. Havia se desquitado antes de minha mãe morrer e nunca pôde se casar oficialmente pela segunda vez. Isso deu algum trabalho jurídico para resolver questões de documentos.

Tanto na morte de minha mãe, quanto na de meu pai, eu pude fazer os rituais de pré-morte, morte e pós-morte, de acordo com as tradições da Soto Shu.

Quanto tempo leva para alguém morrer?

"...desde o instante em que se nasce já se começa a morrer", escreveu o poeta paulista Cassiano Ricardo.

Minutos, segundos, um instante?

"Estava vivo há pouco e agora está morto."

"Morreu de repente."

A morte é repentina, mesmo quando é gradual.

A iluminação também é repentina, mesmo quando é um processo gradual de prática e compreensão.

Há pessoas que ficam semanas, meses, em estado terminal.

Mas terminam de repente, num instante.

Um instante zen.

Você já imaginou a sua própria morte?

Quando era noviça em Los Angeles, um de nossos professores organizou um encontro entre zen e psicologia num grande hotel local.

Participei.

Uma das atividades era meditar sobre o momento da sua própria morte.

Sentei-me em silêncio e me imaginei como num quadro da Idade Média: deitada numa cama larga, com colunas de madeira, recostada nos travesseiros. Idosa. Cercada de pessoas – parentes, discípulos, conhecidos?

Pude me despedir de todos e morrer.

Será assim?

Não sei.

"Nada é seguro neste mundo", dizia Buda.

Quando meu mestre de transmissão, Yogo Suigan Roshi (1912-1996), estava se preparando para entrar em um hospital de tratamento terminal (*hospice*, no Japão), eu fui visitá-lo.

Estava deitado em sua sala e suas atendentes faziam massagem em suas mãos. Quando entrei, pediram que eu massageasse seus pés. Ele me chamou mais perto e pediu que tocasse suas mãos. As outras pessoas saíram da sala para preparar o almoço e eu fiquei sozinha com ele.

"Amanhã irei para o hospital de tratamento terminal."

"Compreendo", respondi enquanto suavemente massageava suas mãos macias de dedos longos e finos. Estava muito magro, todo de branco, deitado, e adormeceu.

Silenciosamente fiz a ele o voto de continuar seu trabalho monástico, passar adiante os ensinamentos de Buda e a visão clara de Yogo Roshi, a visão Mahayana, do grande veículo, de um grande Buda, de um ser iluminado que vê além das aparências.

Lembro-me de visitá-lo anos antes, com uma jovem que viera dos Estados Unidos e passara alguns meses no Mosteiro Feminino de Nagoya. Ela queria entrevistá-lo para seu trabalho de pós-graduação ou doutorado, sobre as monjas japonesas. Estávamos juntas, na sala com sofás e poltronas, onde ele recebia os convidados menos formais.

No mosteiro, esta jovem sempre esteve de cabelos presos, sem maquiagem, sem joias. Nessa tarde estava maquiada e de cabelos soltos. Yogo Roshi comentou que algo nela estava diferente.

"Sim, hoje ela está maquiada, com joias, vestida de outra forma", disse eu.

Ele respondeu:

"Não. Essa é a visão superficial. Houve uma mudança interior nela. É disso que falo."

Sim, ela havia se transformado durante os meses em que conviveu com nossa superiora, Aoyama Shundo Docho Roshi e nós, monjas em treinamento.

O treinamento monástico, mesmo que por apenas três meses, sem dúvida modifica uma pessoa.

Esse é o meu sonho: de que pudéssemos ter um local para ficarmos em retiro por três meses. Pelo menos três meses, o chamado Angô, no zen-budismo japonês.

Angô é treinamento intensivo: zazen (meditar), samu (trabalho, limpeza, cozinha, faxina coletiva), estudar o Darma e praticar o caminho dos antigos, o caminho das antigas.

Entretanto, mesmo depois de mais de vinte anos da minha graduação e retorno ao Brasil, noto que as causas e condições para o Darma de Buda ainda não amadureceram completamente.

"Quando a necessidade é grande, é preenchida de forma grandiosa. Quando a necessidade é pequena, é preenchida de forma pequena."

São palavras do mestre zen Eihei Dogen Daiosho Zenji, que viveu de 1200 a 1253 e é o fundador da Ordem Soto Shu, no Japão.

Ah! Mestre Dogen Zenji!

Foi por amá-lo que me tornei monja.

No Zen Center de Los Angeles, Maezumi Roshi me transmitiu o amor e o respeito ao mestre Dogen e ao mestre Keizan, seu neto discípulo e também considerado fundador da Ordem Soto Shu no Japão do século XIV.

A paixão, o entusiasmo com que nos traduzia seus ensinamentos foi contagiante. Maezumi Roshi nos dizia para não lermos as traduções que haviam sido feitas por outros monges, pois algumas falhavam em apreender o verdadeiro significado de suas palavras.

Era fascinante.

Muitas vezes a mente lógica não podia alcançar o sentido, nem seria capaz de repetir o ensinamento. Mas havia algo mais profundo que o reconhecia e que permeava cada célula do corpo-mente.

É importante explicar que quando escrevo corpo-mente não coloco nada entre ambos, pois são uma unidade indissolúvel, indivisível.

Assim o compreendo. Foi o que mestre Dogen Zenji Sama me ensinou a ver, a direção que ele apontava e que despontou em mim.

Vida-morte é de suprema importância.
Tempo rapidamente se esvai e oportunidade se perde.
Cada um de nós deve esforçar-se por despertar.
Cuidado! Não desperdice esta vida.

A primeira vez que ouvi esse poema foi no Zen Center de Los Angeles. Era o término de um retiro de fim de semana. Uma praticante entrou na sala e recitou o poema. Estávamos sentadas voltadas para as paredes.

Não vimos seu rosto. Ouvimos sua voz.

Entre o poema e a voz, tambores, sinos.

Vida-morte, uma única palavra, um único momento.

Um momento zen.

Cada retiro, quer seja de três, cinco, oito, dez dias, semanas ou meses é como se fosse apenas um período de zazen.

Uma vida inteira, quer de meses quer de cem anos é apenas um período, um instante, um momento zen.

A morte, quer abrupta, quer esperada, é sempre instantânea, acontece em um momento. Que seja um instante zen.

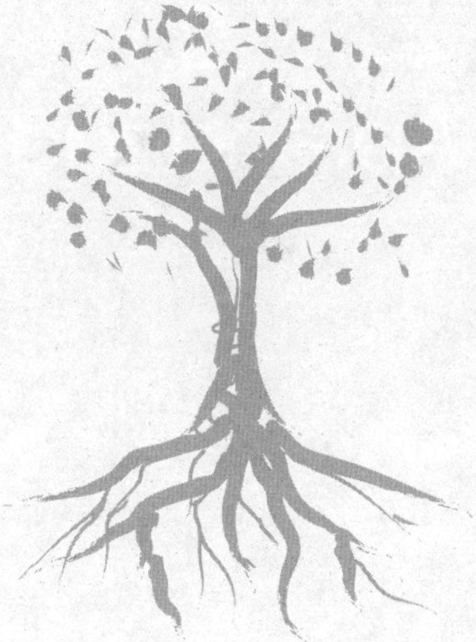

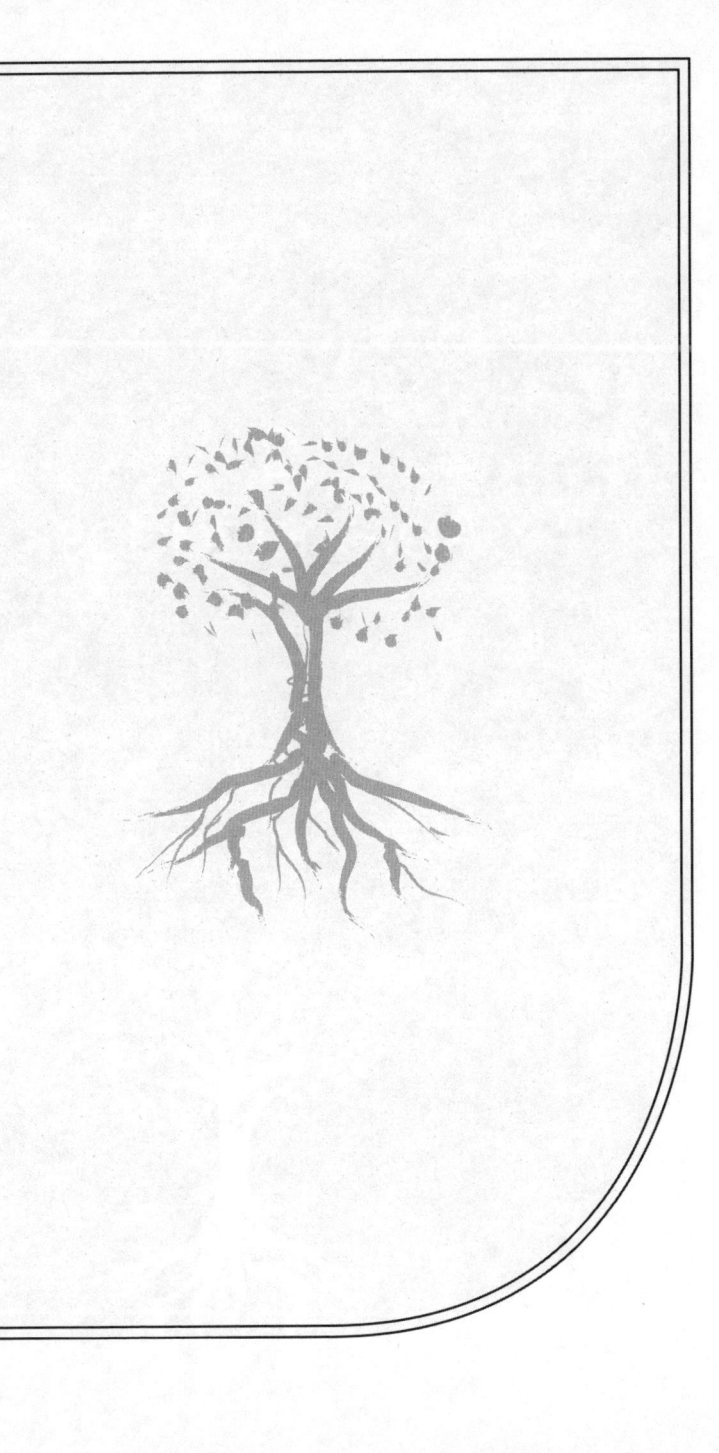

2. Aprendizados

SAÍ DECIDIDA
A ABANDONAR MARIDO,
APARTAMENTO, CACHORRO,
EMPREGO E ME ALISTAR COMO
TRAINEE – APRENDIZ.
ASSIM O FIZ.

Zen é uma das habilidades mentais humanas. Alguns chamam de meditar, mas o verbo meditar exige um objeto. O zen está além de sujeito e objeto, além das dualidades, além do eu e do outro. Sentar-se em zen é entregar-se ao momento e perceber que este momento contém em si todo o passado e todo o futuro. A humanidade inteira está presente. O início e o fim em cada inspiração, em cada expiração. Mas é preciso conhecer, perceber as pausas.

Uma fala sem pausa não é uma fala.

Um texto sem pontuação não é compreendido.

A música se torna melhor conforme as pausas são definidas.

Movimento e quietude.

"Tranquila em atividade.
Ativa em tranquilidade."

Instruções de mestres antigos.

Conheci no Mosteiro de Nagoya a monja Kojima Sensei. Nesse dia eu estava trabalhando na cozinha. Éramos cerca de 20 monjas em treinamento. Havia algumas que já estavam lá por mais de cinco anos, outras por poucos dias. Nenhuma monja, a não ser as professoras, permanecia no mosteiro por mais de sete anos. Havia revezamento diário para as várias funções.

Nesse dia eu era auxiliar de Tenzo, auxiliar de cozinha.

A monja que cozinhava sabia falar inglês muito bem e por isso eu fora designada a trabalhar com ela.

Eu podia lavar pratos, panelas, verduras, cortar alguns alimentos sob sua orientação, limpar o chão, os armários, a geladeira, o fogão. Mas não podia cozinhar, temperar, sugerir coisa alguma.

Quando chegou a hora do jantar – isto é, 17h30 –, a monja me disse que Kojima Sensei havia chegado e jantaria conosco. Que eu pusesse mais um lugar na mesa, ao lado de nossa superiora.

Em um mosteiro não se faz perguntas, apenas se obedece.

Coloquei mais um local na mesa baixa, de madeira escura e desgastada pelos anos. Essas mesas estavam servindo as monásticas há mais de cinquenta anos. Eram bem baixinhas, na sala de tatames, onde nos sentávamos sobre os calcanhares para comer – sentadas em *seiza*, palavra japonesa para essa postura.

Quando o sino, em forma de nuvem, tocou, chamando as monjas para a refeição, a minha companheira de cozinha disse:

"Sabe quem está aqui? Kojima Sensei é a monja responsável por nós hoje sermos respeitadas. Foi ela quem viajou o país inteiro exigindo equidade entre monges e monjas. Se não fosse por ela estaríamos apenas usando hábitos pretos e sem direito de oficiar cerimônias, casamentos, enterros nem ter discípulas. Antigamente tudo só podia ser feito pelos monges. Mas ela soube fazer a diferença."

Fiquei emocionada.

Quando entrei na sala, tirei apressadamente a toalha branca que envolvia minha cabeça – para não pingar suor nos alimentos – e me ajoelhei comovida, fazendo inúmeras prostrações a ela.

Kojima Sensei era pequenina em estatura, grande ser.

Sorriu para mim e disse: "Chega, chega. Não precisa".

Eu estava muito grata. Estava de frente a uma personagem histórica tão importante para o monasticismo feminino.

Durante a Segunda Guerra Mundial muitos dos monges foram convocados a servir o exército. Morreram, ficaram feridos, retornaram diferentes, modificados, traumatizados ou ansiosos para criar uma cultura de paz e não violência.

Havia menos monges nos templos e menos templos, pois muitos foram bombardeados.

Havia mais monjas – órfãs, crianças, adolescentes, jovens mulheres que se dirigiam aos mosteiros para ter o que comer, onde dormir, estudar e se proteger dos abusos que acontecem durante as guerras.

Kojima Sensei tomou uma decisão: falaria com todas as lideranças político-administrativas da ordem Soto Shu – as monjas precisavam ter o mesmo status que os monges. Até então podiam apenas cozinhar, lavar roupas, servir chá para os monges. Ouviam as palestras entre as pilastras, escondidas atrás das portas.

Era proibido às monjas que usassem mantos de cores, como usavam os monges.

Às monjas, apenas o hábito completamente negro.

A maioria das monjas não ia às universidades. Algumas só tinham o primário. As monjas não podiam ter discípulas e/ou discípulos, ordenar leigos e leigas, oficiar casamentos, enterros, bênçãos. Podiam fazer algumas preces simples.

Kojima Sensei viajou de Norte a Sul, de Leste a Oeste.

Houve quem falasse mal dela, que ficasse quieta em seu templo, que cuidasse de seu canto, que não se envolvesse em política. Ela não ouviu essas críticas e continuou seu trabalho. Foi ouvida e as monjas hoje, no Japão, têm o mesmo status que os monges.

Conhecê-la foi, sem dúvida alguma, resultado de bom carma produzido no passado. Alguma boa ação, palavra ou pensamento.

Nessa noite jantei melhor do que nunca.

Alguns anos depois, quando eu já falava um pouco de japonês e tinha me tornado discípula da nossa mestra da Cerimônia de Chá – Kurigi Sensei, muito amiga de Kojima Sensei, nós nos encontramos na sala de Buda no Mosteiro de Nagoya.

Eu estava entrando na área principal e ela estava saindo. Bem no meio dos tatames, na diagonal, ela olhou para mim e apontou um dedo. Eu toquei seu dedo com o meu. Indicador a indicador. Houve a sensação de uma levíssima corrente elétrica. Ela saiu da sala e eu fui limpar os altares.

Nunca comentei isso com ninguém.

Poderia parecer loucura ou tontice minha.

Foi um instante raro e sagrado. Muito breve. Sem palavras. Transmissão de um legado importante, do papel das monjas no zen-budismo.

A primeira monja histórica, Mahaprajapati Daiosho, era a tia e mãe adotiva de Buda. Líder de um grande grupo de mulheres, criara causas e condições para que as mulheres pudessem se manter sem o apoio dos homens e dos clãs.

Naquela época as mulheres tinham valor, respeito, consideração, conforme o status dos homens à sua volta: pai, marido, irmãos, filhos, primos, sobrinhos.

Mulheres cujos homens houvessem morrido eram descartadas pela sociedade. Mahaprajapati cuidava delas. Assim como todas as primeiras-damas do mundo inteiro sempre têm feito, de uma forma ou de outra. Mahaprajapati, a rainha, cujo nome significa líder de uma grande assembleia, era a líder das excluídas.

Ela havia acompanhado sua irmã mais velha, a rainha Maya, em todos os momentos de sua vida: infância, juventude, casamento com o rei Sudodana, gravidez miraculosa, parto no jardim e, uma semana após o parto, a sua morte.

Fizera o juramento de cuidar do príncipe Sidarta.

Foi Mahaprajapati quem o amamentou, quem trocou seus panos, quem limpou seu corpo, quem ficou sem dormir por causa de seu choro noturno. Foi ela quem ensinou o menino a andar, falar, ler, escrever, contar. O pai o ensinou a cavalgar, nadar, atirar, caçar e liderar pessoas.

Mas, quem o teria ensinado a meditar?

De que lugar vinha essa vontade de ficar quieto e observar em profundidade a si mesmo e ao mundo à sua volta?

Sem dúvida alguma não eram os sacerdotes, os brâmanes. O rei proibira que o jovem Sidarta se interessasse pela espiritualidade. Queria que fosse um forte guerreiro, um líder político, quiçá o unificador da Índia – tão partida, dividida e, por isso mesmo, enfraquecida.

O menino era raro, especial, superdotado.

Poderia ser qualquer coisa. Estavam nele os sinais de um grande ser humano. Por que teimava em ficar quieto e meditar?

Por que, de tempos em tempos, parecia triste e pensativo?

Todas as vontades eram sempre atendidas: carros, cavalos, mulheres, vinhos. Alimentos, frutas, verduras – nada lhe era negado.

Casara-se com menos de 15 anos.

Sua belíssima e jovem esposa lhe deu um filho, a quem chamou Rahula.

Rahula quer dizer obstáculo.

O amado filho seria, assim, o seu obstáculo para a libertação?

Como se afastar de uma criança tão linda e doce?

Mas foi essa sua decisão: afastou-se daquilo que é difícil de se afastar.

"Eu parti sem olhar pra trás, porque sabia, se olhasse, não conseguia sair dali nunca mais." (trecho de uma música popular brasileira, "Na boca da noite", de Paulo Vanzolini e conhecida na voz de Toquinho).

Era noite e todos dormiam no palácio. Poucos foram os que viram o príncipe Sidarta montar Candala, seu cavalo, e seguido por seu atendente galopar para além das muralhas.

Não era a primeira vez que saía assim, meio escondido. Todos sabiam e aguardavam seu retorno. Da primeira vez que fugira disfarçado de pessoa comum, houve certo alarde. Mas o rei, seu pai, dissera: "Ele precisa conhecer o mundo, assim como é".

O pai tentara de tudo para que o filho fosse feliz e sossegasse na vida palaciana. Mas também compreendia a ansiedade num jovem de 19 anos que acabara de ser pai.

Nessa primeira vez, Sidarta se comoveu ao ver um idoso sendo maltratado numa banca de frutas.

Era e ainda é hábito e educação, na Índia, respeitar os mais idosos, tocar seu calcanhar com a mão direita e passar na própria cabeça – simbolizando de que o mais velho está acima do mais novo.

Entretanto, o senhor idoso se aproximara de uma banca de frutas e pedira por alimento. Estava esmolando. Ora, o comerciante não estando num bom dia, assim eu o entendo, afastou o idoso, empurrando-o, sem dar nada. O jovem Sidarta se surpreendeu. Não apenas se apiedou do idoso, mas refletiu que todos ficaremos idosos, se não morrermos jovens. Seu pai, seus amigos, seu bebê.

Voltou ao castelo e passou dias pensativo e calado. Aquelas jovens lindas também se tornariam senhoras idosas, com rugas, sem dentes. Ele mesmo, envelheceria. Como é breve e fugaz a juventude.

Algum tempo mais tarde resolveu sair novamente. Dessa feita notou pessoas adoentadas. Imaginem a doença na Índia de dois mil e seiscentos anos atrás! Até hoje a hanseníase não está completamente controlada no país. Podemos encontrar pessoas mendigando com tigelas de metal e o que resta de seus dedos enrolados em faixas de gaze ou tecidos de algodão. Alguns perderam o nariz ou parte das orelhas.

No palácio, os doentes eram afastados. Ele não tivera acesso a ver as mutilações físicas que algumas doenças provocam. Refletiu sobre a transitoriedade dos estados de saúde. Qualquer pessoa pode ficar doente, quase que de qualquer doença. Seu pai, mãe adotiva, esposa, filho, amigos e ele mesmo.

Cada vez mais reflexivo, o jovem saiu novamente e encontrou a morte. Não a sua própria morte, mas uma pessoa morta sendo cremada. A visão dos crematórios na Índia é bem interessante. Reconto o que vi, quando fui a Varanasi.

Varanasi foi uma cidade riquíssima, com grandes palácios. Hoje essas edificações dos antigos milionários são habitadas por pessoas simples, algumas em situação de risco.

Há várias lojas de tudo que se possa pensar e imaginar nas vielas estreitas, onde pessoas e gado não se estranham e partilham os caminhos.

Há uma casa para idosos e idosas se hospedarem e aguardar a morte. Hospedar? Há paredes e chão duro.

Hospedar significa pernoitar no chão. Dessa casa, de um terraço aberto com vista ao rio Ganges, pode-se avistar o crematório.

Quem teria morado nesse palacete? Quem teria tido esta vista privilegiada do rio sagrado? Entre aquelas colunas finas, quantos homens e mulheres da antiguidade teriam partilhado alimentos e bebidas caras, raras e especiais?

Agora, eram alguns homens e mulheres idosos, mendigando.

Um guia local se aproximou. Os guias falam um pouco de todas as línguas do mundo. Vivem dos turistas. Enquanto eu observava, de cima, o crematório, ele me explicava o sistema. Fiquei lá o suficiente para ver alguns corpos chegarem, os brâmanes orando, os filhos ou homens mais velhos relacionados ao morto se vestindo com sáris de algodão cru, raspando os cabelos. Mulheres são proibidas de acompanhar os corpos até o crematório, pois algumas quiseram se jogar sobre a fogueira acesa, há muitos séculos. *Nenhum homem nunca teria tido essa intenção?*, pensei eu. *Por que as mulheres gostariam de se queimar junto ao falecido? Que maneira seria essa de expressar o seu pesar? Haveria sobrevida a quem sobrevivesse a seu mantenedor?* Vários pensamentos correram acelerados. E os corpos derretendo, e o incenso sendo jogado. Há toda uma indústria funerária. Incessantemente, grupos de homens cortam pedaços de madeira, que serão alinhados para formar a fogueira fúnebre. Há madeiras de valores diferentes e os locais para a cremação também estão definidos de acordo com a casta de cada defunto.

A casta. Um sistema de castas. Nunca estudei muito sobre a Índia, mas sei que as castas formam um sistema rígido de ordem social e que geralmente não é permitido que se mesclem. Se uma pessoa de uma casta superior se envolver intimamente com outra de casta inferior, sempre descerá para a casta inferior. Alguns são afastados do convívio social. Há grupos de pessoas consideradas fora das castas, intocáveis, discriminadas, esquecidas, sem direitos.

Mahatma Gandhi, que foi um grande líder político-social do início do século XIX, fim do século XX, insistia sobre a necessidade de empoderar pessoas. Empoderar – dar poderes às pessoas para que conheçam seus direitos à vida, ao respeito, ao trabalho, à alimentação, aos estudos, à casa, à assistência médica e a uma morte digna.

Não sei como hoje, na Índia, é compreendido o sistema de castas, mas Buda, há mais de mil e seiscentos anos, disse:

"Não é por nascimento que se distingue um ser superior, mas pelo seu decoro, comportamento, ética, maneira de ser no mundo."

Ou seja, não é por ter nascido em uma casta elevada que essa pessoa é um ser elevado. Tudo dependerá do seu comportamento. Há pessoas que nascem em locais desfavoráveis e são muito dignas. Outras que nascem em lares supostamente dignos e são indignas.

O jovem Sidarta assistiu a uma cremação pela primeira vez. E se deu conta de que ele iria morrer, que seu corpo derreteria no fogo ardente, junto a todos os seus apegos e aversões. Não apenas ele morreria, mas todos que ele conhecera, conhecia e conheceria.

A visão da morte, sem dúvida, foi muito importante para que ele tomasse a decisão que tomaria mais tarde.

Ao voltar ao palácio, já sem interesse nas festas, nas mulheres sedutoras, nas comidas, bebidas, danças, músicas, ele notou um renunciante. Alguém que se veste de forma diferente. Em todas essas fugidas do castelo, Buda sempre esteve acompanhado por seu fiel atendente. E a ele perguntou:

"Quem é aquele?"

"Um renunciante", respondeu o atendente. "Alguém que renunciou ao mundo à procura da espiritualidade, da sabedoria, do sentido da vida e da morte."

Poucas noites mais tarde, o jovem Sidarta decidiu abandonar o que é difícil de abandonar: a esposa amada, o bebê querido, a vida palaciana, os amigos, o pai, a mãe, as regalias de sua posição, seu cavalo.

Cortou os cabelos, símbolo da casta dos nobres guerreiros e líderes políticos, trocou suas roupas, deixou suas joias e coroa, a espada e, sem nada, adentrou a floresta.

Saiu sem olhar para trás.

A grande diferença entre o pensamento indiano comum e a compreensão de Buda sobre as castas está na acolhida pela ordem budista a todos sem considerar as diferenças de castas, incluindo os chamados intocáveis, os excluídos, os que não se encaixavam em nenhuma das castas. Na Sanga – comunidade budista – todos somos irmãos e irmãs, sem as distinções de valores mundanos. As diferenças existem, não por nascimento, mas por comprometimento, por comportamento, de acordo com os níveis de prática espiritual. Xaquiamuni Buda (o Buda histórico) deixou a seus discípulos e discípulas o dever de incluir todos os seres em seu coração de sabedoria e compaixão.

E se Buda tivesse sido uma mulher?

Imaginemos que Buda, Sidarta Gautama, fosse uma princesa, filha de uma grande rainha, governanta guerreira de uma sociedade feminina. Seu nascimento fora celebrado e, mais uma mulher, uma líder, uma governadora nascera.

Os homens teriam posições subalternas nessa sociedade, obedecendo fielmente suas mães, irmãs, esposas, filhas, netas. Como se a sabedoria, o discernimento correto, o poder político e administrativo estivesse nas mãos das mulheres.

Pois a princesinha nasceu e foi cuidadosamente treinada para a liderança. Seu pai morreu quando era pequenina e foi criada por seu tio, irmão de seu pai, que se tornou o rei consorte da rainha.

Embora vivenciasse com alegria a vida palaciana e fosse extremamente inteligente e sensível, a jovem princesa, de tempos em tempos, sentava-se em silêncio à procura da verdade suprema.

Casou-se cedo, teve uma filhinha.

Tudo parecia correr em perfeita harmonia.

Mas a jovem princesa se questionava sobre a vida, sobre a morte, sobre a velhice, sobre a doença. Questionava-se sobre o significado da existência, o porquê das dores e sofrimentos. Tendo entrado em contato íntimo com a pobreza, as doenças, a morte, viu uma renunciante. *Eis aí uma opção digna.* Deixou sua filhinha aos cuidados de seu tio, que se tornara seu pai adotivo, e saiu para o mundo.

Foi ser ninguém, uma desconhecida no meio de desconhecidos.

Praticou ioga, ascetismos. Esteve só e fraca.

Recuperou-se e sentou-se em zen.

Sentou-se em meditação.

Ah! O zazen da Mahayana.
A este os maiores elogios.

Sentar-se em zazen. Meditar além do meditar.
A regra sem regras. O portal sem portas do zen.
Maha quer dizer grande e *yana* é veículo. O grande veículo. Uma das divisões da comunidade budista após o parinirvana de Gautama Buda.

A comunidade budista é chamada de Sanga e é composta por monges e monjas, leigos e leigas.

Quando Xaquiamuni Buda entrou em parinirvana (segundo o budismo, é o estado de nirvana profundo e final que ocorre após a morte do corpo físico das pessoas que alcançaram a iluminação), aos 80 anos de idade, no início, seus discípulos se sentiram órfãos e perdidos. Logo, o sucessor, Makakasho, assumiu a liderança. Entretanto, o que eram os ensinamentos vivos de Buda passaram a ser histórias, contos, parábolas, frases, ensinamentos memorizados por seus discípulos e discípulas. Pouco a pouco os grupos se institucionalizaram, foram se subdividindo e a essência dos ensinamentos quase se perdeu.

No Primeiro Concílio houve uma cisão: um grupo numeroso de praticantes progressistas passou a ser chamado de Mahayana. *Maha* quer dizer grande e *Yana* é veículo – O Grande Veículo.

Subdividiu-se em muitos grupos e se espalhou principalmente pelo Norte da Ásia, onde estão as sedes de seus templos e mosteiros.

Outro grupo, mais ortodoxo, chamado também de "o grupo dos antigos" tinha menos adeptos e por isso foi chamado de Hinayana – *Hina* quer dizer pequeno e *Yana* veículo.

Com o tempo essa expressão passou a ser pejorativa. O termo Hinayana foi usado com o sentido de limitado, pequeno, não só em número de adeptos, mas também na maneira limitada de interpretar o Darma de Buda.

A escola Hinayana teve 18 subdivisões – a maioria desapareceu. Há uma ordem que continua viva, chamada Theravada ("doutrina dos anciãos"), cujas sedes de templos e mosteiros estão no Sul da Ásia.

Assim, após o parinirvana do Buda histórico, dois grupos se formaram. Um ficou ao Sul da Ásia e outro ao Norte.

Os ensinamentos foram tantos que formaram grupos de estudos de alguns textos e algumas práticas. Assim se formaram escolas budistas e grupos de estudos intelectuais e filosóficos sobre os ensinamentos de Buda.

Eu pertenço à escola Mahayana.

Dentro da escola Mahayana pertenço ao Zen.

Dentro do Zen pertenço à escola Soto Shu. A escola Soto Shu com sede no Japão.

Há outras escolas Soto na China e em outras regiões.

A ordem a que me afiliei e que represento foi fundada no século XIII pelo mestre Eihei Dogen.

Pois, assim como o jovem Sidarta Gautama, podemos imaginar a versão feminina da princesa sentada em zazen.

Depois de sete dias e sete noites teve o grande despertar. Encontrou a Verdade. Não havia mais dúvidas. Estava interligada a tudo e a todos. O conceito, a ideia, a divisão da mente, tudo cessara.

Nirvana.

Nirvana significa cessação.

Cessação das oscilações da mente. Lá estava, apenas sentado, apenas sentada. Não existia nem mesmo a noção de corpo, de estar e de ser. Identificação absoluta com o grande vazio. Com tudonada – nadatudo.

Bênção. Êxtase. Nirvana. Satori. Despertar.

Não alguma experiência alucinógena, não algo excitante e raro, mas o tranquilo acessar a si mesmo, aos aspectos mais íntimos do ser.

Encontrar o Eu Verdadeiro.

Mas se tudo é este Eu, se tudo está incluso e faz parte, mesmo a procura, mesmo a dúvida, mesmo a ignorância. É possível acessar esse estado mental, chamado de Samadhi. Um estado de tranquilidade serena, que nos permite ver a realidade assim como é e atuar de forma decisiva e clara, com dignidade e compostura.

Ah! O zazen da Mahayana.
A este os maiores elogios.

Após a experiência mística, experiência da realidade assim como é, o ex-príncipe (ou a ex-princesa) se torna Buda.

Buda, aquele ou aquela que despertou.

Buda, a pessoa iluminada.

Buda, a pessoa que vive o mundo real com sabedoria, compaixão e ternura.

Buda reconhece em cada criatura a manifestação real sagrada.

Mestre Dogen Zenji foi chamado de místico realista.

Tendemos a separar o misticismo da realidade, como se houvesse uma ruptura entre sagrado e profano.

Essa dicotomia no pensar e no viver nos leva a incontáveis conflitos e sofrimentos.

Tudo que Buda ensinou, tudo que mestre Dogen Zenji Sama transmitiu foi a capacidade de percebermos que somos corpo-mente, que não há dicotomia entre ser humano e natureza. Os opostos formam um par indivisível.

Budismo não é dois nem três. Existe apenas um Budismo – é o Caminho da Verdade.

Para isso é preciso fé, estudo e prática. Saber que podemos transcender a mente dualista. Mas é exatamente essa mente dualista que nos leva à procura da mente una.

Tudo faz parte.

Nada a ser extinto ou jogado fora.

Fora?

Onde é fora?

E ainda assim praticamos os Preceitos.

E ainda assim nos comprometemos com o estudo e a prática, com a Verdade e o Caminho.

Comprometemo-nos a não matar, não roubar, não abusar da sexualidade, não mentir, não negociar intoxicantes, não falar dos erros e faltas alheias, não nos elevar e rebaixar os outros (nem nos rebaixar e elevar os outros quanto menos nos igualar), não ter ganância quanto ao Darma ou coisas materiais, não ser uma pessoa controlada pela raiva e não ofender Buda, Darma e Sanga.

Se tudo é a natureza Buda, a natureza iluminada se manifestando, por que praticamos? Por que nos comprometemos?

Prática é realização. Prática é em si a expressão da natureza Buda. Zazen é em si mesmo a postura Buda e a manifestação Buda. Houve um mestre que dizia a seus discípulos: "Um instante de zazen, um instante Buda".

Você já fez seu instante Buda hoje?

Faça agora.

Sente-se com a postura ereta e a respiração tranquila.

Um instante Buda.

Pensamentos vêm e vão.

Sensações, percepções, conexões neurais, consciências.

Mais do que observar em profundidade é tornar-se consciente no momento presente, onde todo o passado e futuro se encontram na doçura de um instante.

E quando escrevo instante, o instante se foi.

Transitoriedade.

Nada fixo. Nada permanente.

Primeiro retiro de sete dias e sete noites em Los Angeles. Pedi uma licença especial aos meus superiores no Banco do Brasil. Eles me compreenderam. Era mandatório para mim que eu fizesse aquele retiro.

Fiquei hospedada na casa de alguém que residia na comunidade. Acordávamos antes do amanhecer com um toque de sino. Tempo justo de ir ao banheiro, escovar os dentes, lavar o rosto, urinar, me vestir e entrar na sala de zazen.

Sentávamos de frente para o centro e aguardávamos a caminhada do mestre, chamada de Jundo, em japonês. Maezumi Roshi, o fundador do Zen Center de Los Angeles, templo Busshinji, caminhava todas as manhãs do retiro pela sala. Era como se nos abençoasse. Fiquei conhecendo seus pés e seus passos firmes e suaves.

Nenhum de nós olhava para cima, para o seu rosto ou corpo. Depois de trinta e cinco minutos havia um toque de sino para que levantássemos e caminhássemos em meditação. Algumas vezes bem lentamente, outras rapidamente.

Havia manhãs em que todos saíamos em fila indiana e dávamos a volta no quarteirão. Um longo quarteirão da costa Oeste dos Estados Unidos. Éramos mais de 100 pessoas. Vestidos de preto, em silêncio, com as mãos fechadas sobre o diafragma. Nosso mestre Maezumi Roshi era o último da fila.

Havia poucas pessoas na rua antes das 6h da manhã. Não havia espanto ou surpresa. Muitas das casas nesse quarteirão pertenciam ao Zen Center.

Voltávamos para a sala de meditação rejuvenescidos, estimulados, vigorosamente preparados para o período seguinte. Pelas frestas das janelas, pequenos raios de luz permitiam que víssemos voar partículas mínimas de poeira.

Luz e sombra. Uma não existe sem a outra.

Havia liturgias, refeições, ensinamentos, e mais zazen, zazen, zazen.

As pernas doíam, as costas também, e os joelhos queimavam. Mas o intervalo vinha e nós continuávamos sentados. Sete dias e sete noites. Antes das 5h da manhã até as 21h30. Caso pensasse nas horas, contasse os minutos, considerasse quanto ainda faltava, seria insuportável.

Então aprendi a estar presente no presente momento.

Cada instante.

Instante após instante.

Apenas um instante zen.

Inspirando apenas inspirava.

Expirando apenas expirava.

A perna doía.

"Transforme-se na dor", ensinava Joko Sensei.

"Seja a dor. Não fuja da dor."

Aqui e agora.

Inspira, expira, relaxa na dor...

Difícil.

Na cabeça rodavam as músicas de John Lennon.

Sem saber que seria um pranaiama na linguagem da ioga, inventei um sistema que funcionou bem por alguns instantes.

Inspirar profunda e sutilmente. Segurar o ar. Soltar suavemente. Segurar o vazio. Inspirar novamente. Isso parecia aliviar a dor, o desconforto, a mente dizendo: "Vou embora, são um bando de doidos, sadomasoquistas".

Mas o sino tocava, nós nos levantávamos e caminhávamos. A dor, o desconforto, para onde teriam ido?

Experiência física e mental, simultaneidade. Buda dizia: "Tudo que existe é o cossurgir interdependente e simultâneo". Nada fixo, nada permanente. Não apenas uma ideia, um conceito, um jogo de palavras. Uma experiência real. Corpo-mente. Mente-corpo. Somos um.

Ao final do retiro me pediram para ser a atendente do nosso mestre. Eu deveria levar o incenso e entregá-lo durante a cerimônia de encerramento.

Fiz tudo como deveria ser feito, caminhar, entregar o incenso.

Só não conseguia parar de chorar.

As lágrimas rolavam pelo meu rosto, molhando minha blusa branca. Como vida. Assim, como a vida é. Comovente.

Saí decidida a abandonar marido, apartamento, cachorro, emprego e me alistar como *trainee* – aprendiz.

Assim o fiz.

Os cabelos longos e crespos foram ficando mais curtos.

O hakama preto se tornava cinza de tanto lavar e passar e eu o tingia de tempos em tempos, na banheira antiga do segundo andar da casa onde ficava a sala de zazen.

A única chave era a da comunidade.

Meu quarto não tinha chave.

Nada a esconder.

Nada a temer.

Eu não tinha ideias e conceitos sobre o zen.

Nunca lera Alan Watts, nem Daisetsu Suzuki.

Aprendi a meditar, meditando.

Diziam-me para não ler ou estudar intelectualmente, mas sentar.

Sentei-me e assentei-me.

Toda a vida se passou por minha frente. A parede branca era a tela do passado em figuras estranhas e coloridas. Era o presente e o futuro. Era minha mente conversando com minha mente. E o corpo se estabilizava na postura.

Consegui fazer lótus completa. Se o moço à minha frente podia, eu também poderia. Jovem de 36 anos, esbelta e decidida, mergulhei no zen.

John Lennon fora assassinado.

"Imagine all the people living life in peace."

"All we are saying is give Peace a chance."

Vamos dar uma oportunidade para a paz?

Um instante de paz?

Vamos imaginar todos vivendo em paz?

Corpo-mente.

Sentei-me comigo e com toda a vida da Terra.

Onde está o passado e o futuro, senão no presente?

Ao final do primeiro retiro de sete dias e sete noites eu estava decidida: iria pedir demissão e passaria a viver no Zen Center.

Larguei o apartamento em Hollywood, meu amado cão Joshua, velhinho, que havia derrapado numa ladeira e agora tinha dificuldade em caminhar. Ah! Foi difícil deixar Joshua. A casa, as roupas, o marido, a barra de balé, nada era difícil. O cão me olhava e entre lágrimas me despedi.

O ex-marido disse: "Venha visitá-lo sempre que puder".

Fui umas duas vezes. A nova esposa se incomodava e o casal ficava aos beijos e abraços. O cão já não podia mais passear. A nova esposa me deu a frase final: "Por que não leva o cachorro para o Zen?". Compreendi que eu estava incomodando e nunca mais voltei. Não poderia levar Joshua para o Zen. Cachorros não eram permitidos.

Transformações, mudanças, sofrimentos e alegrias.

Durante um zazen matinal pensei que precisava vender o carro. Ao sair da sala estava vendido para um outro praticante zen.

Tudo que existe é o cossurgir.

Os ensinamentos de Buda foram alimentando minha sede e saciando minha fome de conhecimento e compreensão de mim mesma, da vida e do mundo.

Maezumi Roshi lia e comentava mestre Eihei Dogen. Cabelos caíam. Hábitos nos vestiam. Hábitos nos transformavam. Acordar na hora em que antigamente ia dormir. Deitar cedo. Ficar em silêncio. Praticar zazen. Ouvir ensinamentos. Fazer faxina. Limpar os altares.

Ah! Fazer o incensário ficar tão perfeito como se nada houvesse tocado as cinzas. Era tarefa de paciência e perseverança.

Em pouco tempo me tornei muito hábil. Quando tínhamos alguns segundos apenas para limpar um incensário entre uma cerimônia e outra, eu era convocada. Com rapidez e habilidade, *voilà*. Incensário limpo.

Passei a apreciar o que meu pai, na infância, criticava – virei carola. Carola de igreja. Aquela mulher que adora ficar atrás dos altares, limpando, polindo metais e no cuidado de cada detalhe.

A imagem principal era de Manjusri Bodisatva, o bodisatva da Sabedoria. Um monge sentado sobre um leão segurando uma espada na mão direita e um rolo de sutra na mão esquerda.

Eu, durante os retiros, fazia sua espada ficar em posição de corte. Após o retiro ela voltava a repousar.

A sabedoria que corta, reforma, muda, transforma.

Dor.

E não dor.

Fui convidada a ser a atendente pessoal do mestre, em sua casa. Isso significava cuidar dele e de sua família. Cozinhar, limpar, arrumar, regar as plantas, brincar com as crianças.

Era bom. Mal tinha tempo de ir ao banheiro. Secretária e faxineira, pajem e cozinheira. Nos intervalos, cozia meus hábitos monásticos e fazia prostrações. Eram 108 ao amanhecer, 108 antes do almoço, 108 antes do jantar e 108 antes de dormir.

Nunca somei ou contei quantas seriam. Só agora, ao escrever, percebi que eram 432 por dia, 3.024 por semana e 12.960 por mês. Em oito meses, 103.618 prostrações, que continuaram por certo período quando fui para o Japão. Ninguém me pedira isso, mas eu lera sobre a importância de fazer reverências profundas. Era jovem, saudável e o exercício me deixava alerta. Ao mesmo tempo em que, ao fazer as reverências, eu decorava a linhagem desde os sete ancestrais antes de Xaquiamuni Buda, até meu mestre, Maezumi Roshi.

Em seguida incluía os abades principais dos mosteiros-sede de Eiheiji e de Sojiji, o responsável pela administração da nossa tradição e todos os monges e monjas, leigos e leigas, que permitiam os ensinamentos continuarem disponíveis

– isso incluía todos e todas as praticantes do Zen Center de Los Angeles e de todos os locais da Terra.

Gratidão faz bem. Demonstrá-la, secretamente, melhor ainda.

Uma de minhas tarefas era limpar o escritório de Maezumi Roshi. Certa manhã, ao tirar o pó de sua escrivaninha, vi um texto que acabara de chegar, em inglês. Talvez duas laudas de papel. Fora escrito pelo então reitor da Universidade de Komazawa, em Tóquio – um dos principais centros de estudo e pesquisa budista – pertencente à nossa ordem Soto Shu.

O título era: "Água é vida".

A leitura desse texto claro, sucinto e poético, cujas frases esqueci, mas cujo conteúdo me transformou, foi a manifestação de um instante zen. Um despertar.

Pela primeira vez me dei conta de a água ser vida, precisando ser respeitada. Passei a molhar a escova de dentes e fechar a torneira, o mesmo ao tomar banho. Cuidar da água, como nunca fizera antes. Hoje, todos nós sabemos disso, pois houve falta de água. Naquela época não havia falta de água. Havia os ensinamentos de mestre Dogen Zenji (1200-1253) de beber um pouco de água à beira de um rio e o restante, que estava na concha, devolver ao rio, respeitosamente.

Estaria esse ensinamento no texto que li? Ou fui saber dele mais tarde, já no Japão, ao visitar o mosteiro sede de Eiheiji e ver o local, até hoje consagrado, de um pequeno córrego onde mestre Dogen teria feito o gesto "água é vida"?

Passei a jogar nas plantas a água usada nos altares para ofertas ou troca de flores. Manter plena atenção ao colocar água suficiente nas taças e nos vasos para não desperdiçar nem uma única gotinha.

O trabalho de trocar água dos vasos e das ofertas nos altares – que antes era feito sem essa percepção da preciosidade da água – passou a ser uma tarefa sagrada, importante, de plena atenção, de cuidado e de respeito.

Um despertar. Quando cada ação se torna uma ação sagrada e plena.

Há tantas memórias. Foram tantos instantes zen. Basta apenas um décimo de segundo e tudo se transforma. Você já percebeu isso? Um olhar que retorna o seu olhar – pode ser de amor, pode ser de rancor. Menos que um instante talvez. E tudo mudou. Mudou seu estado mental, sua atitude, sua respiração, sua emoção, seu sentimento, sua fala, sua reação.

Certo dia, já no Japão, me chamaram à sala da superiora.

Haviam decidido que eu seria a primeira shusso do Mosteiro Feminino de Nagoya.

Shusso, no Japão, é a monja ou monge, em outros países pode ser uma pessoa leiga, que se torna líder dos praticantes em treinamento por um período mínimo de três meses.

Nosso mosteiro feminino havia sido chamado, até então, de Nigakurin – Escola de Monjas da Floresta.

Jovens adolescentes entravam para a vida monástica e precisavam continuar seus estudos. Havia aulas, quase que como em uma escola comum. Ninguém ainda pensara em se tornar shusso – líder das noviças em treinamento. Essas cerimônias eram celebradas formalmente em outros templos.

Eu havia dito ao meu professor de ordenação monástica, Maezumi Roshi, que não faria uma cerimônia apenas formal, que só assumiria essa posição se fosse verdadeira, se fosse como era descrita nos textos clássicos. Shusso deve ser apontada pela abadessa por seu nível de prática e compreensão do Darma. É considerada o braço direito da abadessa durante três meses, e juntas decidem sobre as atividades diárias e as atividades especiais. A pessoa nomeada shusso deve ser um modelo para as outras praticantes. E, para que não perca a humildade, seu trabalho principal durante os três meses é o de tocar o sino do despertar e limpar as privadas.

Ninguém ainda assumira essa posição no Mosteiro Feminino de Nagoya. Tive a honra de abrir esse portal.

A professora de liturgias, Yamada Mazen Roshi, ficou entusiasmada. Ela costumava me apoiar nas aulas de cantos litúrgicos e já havia me colocado em várias posições de destaque pelo potencial da minha voz e desembaraço público.

Yamada Sensei preencheu todos os documentos, ensinou-me os movimentos, reverências, uso de um leque litúrgico.

A abadessa, Aoyama Shundo Docho Roshi, me chamou a seus aposentos e, com a ajuda de uma jovem leiga que falava inglês, me ajudou a entender os vários diálogos, casos tradicionais da história do zen-budismo, com os quais eu seria sabatinada por todas as praticantes.

Durante três meses não saí do mosteiro para coisa alguma. Minhas aulas de japonês – que eram fora do mosteiro – foram interrompidas, mas a professora foi ao mosteiro duas vezes ao mês, durante esse período.

Os banheiros eram minha função e meu orgulho. Cinco banheiros coletivos. Cada um com seu altar. Estavam sempre impecáveis, toalhas trocadas, papel higiênico, latas de lixo, chão, bacias. Os baldes e os panos de limpeza eu mantinha limpos, separados, bem estendidos, como se houvessem sido passados a ferro. Cada canto dos panos era esticado.

Nunca torcer demais nem torcer de menos.

Tudo que tocamos é o sagrado. Tudo deve ser tratado de maneira respeitosa. Nada pode ser jogado ou colocado apressadamente de qualquer maneira. Os baldes ficavam separados dos outros baldes de faxina e também, impecáveis.

Como eu ainda tinha muita dificuldade para me comunicar em japonês, a tarefa solitária era mais fácil. Percebi que fazer com perfeição não necessita ser uma função em câmera lenta. Pode-se ter até agilidade e rapidez, nunca pressa. A pressa impede que os cantos fiquem limpos, que a toalha seja dobrada de forma adequada, que o papel higiênico tenha uma ponta perfeita ao se dobrar sua extremidade como um triângulo.

Aliás, havia sido durante uma temporada de sete dias, em um templo próximo, quando servi como a representante das mulheres, numa grande celebração de Preceitos Budistas, que me surpreendi ao ver como o Zenji – abade do mosteiro-sede de Eiheiji – deixava seu banheiro impecável e o papel dobrado à perfeição.

Havia sido poucos meses depois de chegar ao mosteiro. A superiora me indicou para ir, junto a uma monja que falava inglês, e ser atendente do abade superior nessa cerimônia.

A Cerimônia de Preceitos é uma celebração de sete dias e sete noites, onde as pessoas se comprometem a receber e manter os Preceitos Budistas. Todos se hospedam no templo.

Havia mais de 100 pessoas para receber os Preceitos – todos japoneses e a maioria já de certa idade. Havia mais de 100 monásticos para organizar as liturgias, refeições, documentos, limpeza, altares. Eram monges de todas as idades. Só duas monjas: eu e minha senpai – monja mais antiga, que falava inglês.

Foi uma experiência única. Cada vez que o abade superior adentrava a Sala de Buda eu também tinha de entrar e ficar em frente ao grupo de mulheres que estava lá para receber os Preceitos.

Durante as liturgias, minha posição era no átrio central da sala, onde apenas os monges circulavam. Houve mesmo um momento durante as preces em que todos se distraíram e as preces quase que se calaram, mas eu, com meu livro em romaji – alfabeto comum, feito nos Estados Unidos –, pude fazer com que as preces não se perdessem. Todos se surpreenderam. A estrangeira segurou a cerimônia, apesar de não falar japonês, de ser mulher, ainda jovem. Seria uma reencarnação?

Até isso foi comentado. Deveria haver alguma explicação mística. Não queriam acreditar que alguém vinda do outro lado do planeta pudesse compreender e manter uma liturgia intrincada.

Começaram a me notar. Nos intervalos conversávamos nos bastidores. Perguntavam-me que livros lia, falei do

O tesouro do verdadeiro Olho do Darma, a obra principal do fundador da Ordem Soto Shu, mestre Eihei Doogen Zenji. Alguns ainda duvidavam e perguntavam quais capítulos eu mais apreciava. E, conforme eu mencionava o nome dos capítulos e comentava seu conteúdo, mais se admiravam.

Na verdade, eu havia me tornado monja, principalmente, por ter conhecido os escritos de mestre Dogen.

Ao final da Cerimônia de Preceitos, as pessoas leigas eram convidadas a subir no altar e lá se sentarem – grupos de dez ou vinte. Os altares são muito grandes no Japão. E os monges ficavam orando em frente a essas pessoas, para que realizassem que eram Budas.

Budas vivos. Seres iluminados.

É uma cerimônia muito forte e muito bonita.

Para completar, o abade geral subia no altar, no último dia, e os monges podiam fazer questões sobre os ensinamentos para que todos apreciassem as respostas do mestre. Coube a mim fazer uma pergunta.

Antes, porém, de perguntar, havia uma série de reverências a serem feitas. Eu fiquei muito contente, pois me disseram que nesse momento abriríamos o zagu – pequeno pano que carregamos para fazer reverências – completamente.

Geralmente o zagu não é completamente aberto no chão, mas dobrado em três partes.

Muito empolgada, treinei em meus aposentos como abrir completamente o zagu. No ensaio geral houve um embate. Alguns monásticos disseram que eu, sendo monja e a segunda a fazer as reverências, não deveria abrir o zagu completamente, que só o monge à minha frente o poderia fazer.

Quando ouvi isso, fiquei triste e chorei. Lágrimas escorreram de meus olhos e houve uma grande comoção na sala de ensaio. Os grupos se dividiam – se eu deveria ou não deveria abrir o pano todo. Ao final, um monge se colocou perto de mim e me disse: "Abra o zagu completamente".

Eu, porém, no dia da cerimônia, não abri. Fiz como a tradição supunha que as monjas, sempre em segundo lugar, deveriam se comportar.

Entretanto, depois disso, muita discussão correu na ordem e hoje as monjas, bem como os monges, abrem seus zagus completamente não só na celebração de Preceitos.

O que eu iria perguntar ao abade? Minha amiga monja japonesa dava sugestões – que eu perguntasse sobre o papel das mulheres na ordem. *Nunca me envolvi em questões de gênero e não seria nesse momento*, pensei eu. *Nossa tarefa monástica é de libertar todos os seres.*

Quando me vi em frente ao abade e, maravilhada com a surpreendente celebração, perguntei em voz bem alta e clara:

"O que é isso?"

(Em japonês seria *Ikanaru a kore*.)

Geralmente se coloca alguma palavra em seguida, algo como: o que é o Darma? Mas eu nada colocara.

Alguns pensaram que eu esquecera o resto da frase, que não sabia japonês suficiente.

O abade superior, Miyazaki Zenji, compreendeu. Olhando profundamente dentro de meus olhos, disse:

"De Buda a Buda."

Voltei feliz ao nosso pequeno mosteiro de Nagoya, onde cerca de 20 monásticas estavam em treinamento naquela época. Havia vivenciado um verdadeiro instante zen.

Cerca de um ano depois, no Mosteiro Feminino de Nagoya, chegou o dia do meu Combate do Darma. Havia praticado, estudado, lido, compreendido, decorado todas as falas. Sabia todas as posturas, passos, reverências e atitudes. Nossa superiora havia me dado hábitos de seda pura. Eu me senti pronta.

Meu professor de ordenação, Maezumi Roshi, vindo de Los Angeles, chegou tarde, com a barba por fazer. Trouxera uma discípula americana leiga para assistir. Nossa superiora considerou rude que ele viesse sem se barbear, mas nada disse. Eu aprendera a compreendê-la sem palavras. Corri para buscar bacia, aparelho de raspar e toalha. Levei um tempo enorme raspando sua cabeça. Depois, ele mesmo raspou a barba.

A cerimônia transcorreu bem. Havia um grupo grande de monjas e pessoas leigas que estavam participando de uma Cerimônia de Preceitos e permaneceram durante o primeiro Combate do Darma oficial do Mosteiro Feminino de Nagoya.

Não errei nenhuma fala ou procedimento, meus professores e professoras do mosteiro estavam todos presentes, bem como o representante de nossa sede administrativa para a cidade de Nagoya. Todos nos conhecíamos muito bem por diversas aulas e liturgias mensais.

Recebi poemas e caligrafias de presente. Mano Kampo Roshi, um dos nossos professores dos ensinamentos, me deu uma pintura sumiê, que ele mesmo havia feito, com a imagem de Kannon Bodisatva, o ser iluminado da Compaixão Ilimitada.

Garoava levemente quando me despedi de todos no estacionamento do templo. Até hoje meus hábitos de seda mostram as gotículas dessa garoa.

Foram todos embora.

Faxina.

Voltamos imediatamente à nossa rotina diária. Como se nada houvesse acontecido.

A grande experiência monástica é esta: a vida continua. A rotina de horários e atividades é a mesma. Nós mudamos. Essa mudança interior é a chave. Há todo um processo, mas é em um breve instante que ocorre. E tudo se transforma.

Muitas vezes, quando abrimos mão de nossas expectativas, quando entregamos os pontos, já quase sem esperança de obter algo, o milagre acontece. É preciso querer muito. É preciso esforço, prática incessante para que, num instante, tudo se realize. Minha vida tem sido toda assim. Procuro fazer acontecer, brigo, reclamo, me esforço. Quando estou praticamente desistindo, acontece.

Anos mais tarde recebi a Transmissão do Darma, a certificação de que era monja zen-budista da Ordem Soto Shu, professora oficial capaz de ensinar monges e monjas, leigos e leigas.

Yogo Suigan Roshi foi o monge superior geral de nosso mosteiro e professor conselheiro de nossa superiora. De tempos em tempos liderava os retiros em nosso mosteiro.

Encontrei-o pela primeira vez alguns dias após eu chegar ao mosteiro. Era outubro, próximo do dia 5, dia em que celebramos o fundador do Zen, Bodaidaruma Daiosho, fazendo um retiro de silêncio. Bodaidaruma foi um monge indiano que levou a prática de zazen para a China, dando ênfases ao sentar em silêncio, no século VI.

Monja Coen

No dia do meu casamento, em 28 de julho de 1961 (14 anos de idade). Foi celebrado na Igreja de Santa Teresinha, em Higienópolis

Praia de Boa Viagem, no Recife. Eu era jornalista no intervalo de entrevistas e textos no interior nordestino (1968)

Aluna do Instituto de Educação Caetano de Campo, na época na Praça da República, com 9 anos de idade (1956)

Jornalista do Jornal da Tarde (1968 a 1971) entrevistando alguém

Com o fotógrafo do jornal O Estado de S. Paulo, Reginaldo Manente, em intervalo de entrevistas no Nordeste

Passeando num parque por volta de 1976

Na entrada do Zen Center de Los Angeles, na Califórnia, por volta do ano 1980, quando me preparava para ser monja

Com a minha filha Fábia no colo, em 1964, ano em que ela nasceu

A cavalo, na fazenda do meu pai, entre Rio Claro e São Carlos, interior de SP, por volta de 1976

Em New Orleans, Estados Unidos, época em que eu trabalhava no Banco do Brasil S.A. (1977-1978)

Passeio no Jardim Botânico, em Los Angeles, com a família de meu professor de ordenação monástica: a mãe de Maezumi Roshi, sua auxiliar, sra. Oginawara, e os dois primeiros filhos de Maezumi Roshi (a menina Michi e o menino Yuri).
Nessa época, eu era atendente de Maezumi Roshi e me preparava para ser monja (por volta de 1980)

Em Los Angeles, Califórnia, por volta de 1976-1977, quando praticava balé clássico

Na rua Beachwood Drive, em Hollywood, Califórnia, em frente ao edifício onde eu morava em 1977- 1978

Em 1951, no Rio de Janeiro, com minha irmã mais velha Branca e minha mãe

Ordenação Monástica em Los Angeles, Califórnia Zen Center of Los Angeles, janeiro 1981

Casamento em 1990 com Shozan Murayama

Abraçando minha filha Fábia, na época em que me preparava para ser monja (1978-1980)

Vestida no dia da Primeira Comunhão, que foi na Catedral da Sé, no dia da colação de grau da turma da minha mãe, da Faculdade de Filosofia, Ciências e Letras da USP (1958)

Na França, por volta de 1973-1974

No mosteiro de Nagoya havia ocorrido uma grande cerimônia de Preceitos, que terminara nesse dia. Muitas pessoas leigas, muitos monges e monjas. Nosso mosteiro estava lotado. O abade superior da Ordem Soto Shu, naquele ano, Hata Egyoku Roshi, estivera presente.

Como eu era muito nova, me deram a função de limpar os banheiros durante as celebrações. Eu queria muito assistir às liturgias, ouvir as pregações. Mas precisava ficar fora da sala. Espiava pela fresta da porta do banheiro e ouvi Hata Egyoku Zenji, o abade geral, falando:

"Mosteiros zen são como universidades. As pessoas devem ficar certo tempo, aprender o ofício, especializar-se em uma área e retornar aos seus templos de origem para transmitir os ensinamentos de Buda, através da ótica de mestre Eihei Dogen Zenji e mestre Keizan Jokin Zenji."

Havia uma monja que falava inglês e me traduziu essa parte de seu discurso. Foi bom saber. Talvez eu pensasse que entrar em um mosteiro zen fosse como entrar em um mosteiro beneditino, com estabilidade, com o intuito de ficar lá para sempre, de ter os ossos enterrados em seu cemitério.

Foi importante ouvir que era uma escola, um local de aprendizado temporário.

Curiosa para ver a procissão que saía do Shoin – edifício para receber hóspedes especiais – e caminhava até a Sala de Buda (Hondo), consegui escapar da faxina dos banheiros e subi no segundo andar do edifício onde residíamos e estudávamos. Fui até a sala de palestras e pela janela aberta pude subir no telhado e ter uma boa visibilidade da procissão.

Campainhas e sinos tocando, monges e monjas com roupas especiais coloridas. Assim eu apreciava a cena, certa de que estava invisível.

Entretanto, fui vista. De repente, todos olharam para o telhado, para mim. Não havia onde me esconder nem como fugir. O grupo abaixou os olhos e continuou até a sala de Buda. Não houve nenhum comentário sobre esse episódio, mas eu nunca mais repeti tal façanha. Foi nessa noite que me deram a função de servir chá aos convidados especiais.

Yogo Suigan Roshi era um deles. Havia ficado para liderar o retiro que começaria no dia seguinte. Quando me abaixei para deixar a xícara de chá em frente ao mestre, ele murmurou, em inglês:

"Amanhã você fará sesshin (retiro) comigo."

Eu, muito petulante e me considerando uma grande praticante de zazen, respondi:

"E o senhor fará comigo."

Dos textos de nosso fundador, que eu lia e relia, havia muitos momentos de encontro entre mestres e futuros mestres. Pareceu-me adequado esse comportamento. Afinal eu havia cruzado os oceanos e as terras para praticar o Darma de Buda no Japão. Eu não estava brincando. Nem ele.

Anos mais tarde, quando Yogo Roshi viera liderar um retiro em nosso mosteiro, pedi autorização para conversar com ele. Era uma das poucas pessoas que falava inglês, entre os professores do mosteiro.

"Mestre, por que quando o senhor vem, mesmo antes de chegar, nós todas nos tornamos tão amáveis e alegres? No dia a dia implicamos umas com as outras, muitas vezes ficamos de cara amarrada. Apenas a proximidade de sua vinda nos transforma. Como me tornar uma pessoa assim?"

"É o seu coração", respondeu.

A mesma expressão eu ouvira quando fora visitar a antiga abadessa de nosso mosteiro que estava em seus últimos dias de vida em um hospital de Nagoya.

Ela havia pedido que eu escrevesse alguns poemas para demonstrar minha compreensão dos ensinamentos.

Não me lembro do que escrevi, do que foi traduzido nem de seus comentários.

Mas me lembro de ela me dizer que a prática no mosteiro seria como fosse o meu coração.

Pela segunda vez, a mesma expressão: tudo depende do seu coração.

Não depende dos outros, depende de você.

Eu me achava muito iluminada e de coração muito bom e fácil.

Mal sabia o que me esperava, as dificuldades de comunicação, de cultura.

Muito menos havia entendido sobre "meu coração".

A palavra *shin*, em japonês, também pode ser lida kokoro e significa coração, mente, essência, espírito, fibra.

Você já entrou em contato com o seu coração? Com o âmago do seu ser? Pois se lá no fundo do fundo de si mesmo houver respeito, clareza, ternura, paciência – tudo irá bem. Se houver um eu não eu. Entretanto se houver um ego forte e combativo, só encontrará dificuldades e problemas. As chaves principais são humildade, sabedoria e compaixão.

Eu estava ainda muito longe de ser capaz de conhecer meu coração verdadeiro. Achava-me especial. Diferente das outras monjas, decidi me tornar vegana, em um mosteiro que nem mesmo era vegetariano. Lera em livros antigos que monges e monjas jejuavam em seis dias alternados durante o mês e não deviam comer nada de origem animal, a menos que fosse como remédio.

Sem autorização da superiora, resolvi fazer desse um dos meus votos. Havia dias em que jejuava, outros em que recusava alimentos de origem animal.

Nossa superiora pedia que eu comesse. Eu não a ouvia. Sentava-me à mesa, abria minhas tigelas de laca preta e não me servia de coisa alguma.

E, quando havia qualquer vestígio de origem animal, nos dias em que eu comeria normalmente, desse prato não me servia. A superiora pedia para que eu comesse, gentilmente, sempre com dignidade, mas eu não a obedecia, firme na minha decisão. Achava que eu estava certa e não ela.

Aliás, o que mais me encantou, depois de anos vivendo em grande intimidade com Aoyama Roshi, foi sua capacidade de nunca elevar a voz, nunca falar palavras grosseiras e sempre nos admoestar como se fosse a primeira vez.

Certa ocasião fui participar de uma cerimônia de combate do Darma, em Tóquio. A shusso era uma monja norte-americana que residia no Japão havia anos e era discípula de Matsunaga Roshi, um dos oficiais do mosteiro sede de Eiheiji. Depois da celebração pediram ramen (lámen). Solicitei que o meu fosse vegano. Entretanto, ao chegar, notei o cheiro de carne na sopa e decidi ficar em jejum. Por mais que insistissem, nada comi. O cheiro da carne era insuportável.

Meu comportamento foi comentado. No dia seguinte, quando foi realizado o grande banquete de comemoração, em um restaurante, colocaram todas as monjas numa sala separada, sem alimentos de origem animal e sem bebida.

A monja norte-americana, Daien Bennage, que era amiga da shusso, ficou furiosa. Descia para a sala dos monges para beber um gole de cerveja ou saquê e comer comida de origem animal. As outras monjas nada disseram, mas eu podia ver que também não se alegraram com a separação.

Eu me considerava correta e certa. O monge responsável por esse templo me mostrou um hábito monástico dos mais antigos do Sul da Ásia, um grande pedaço de pano amarelado com o qual os monges cobriam o corpo.

Estava querendo me dizer que eu deveria ir para uma ordem Theravada, uma ordem dos mais antigos? Fiquei fascinada. Toquei o tecido com grande respeito. *Era com um tecido parecido com esse que Xaquiamuni Buda se vestia?*

Alguns dias depois, de volta ao mosteiro feminino, chegara a época de um novo retiro. Nosso mestre, Yogo Roshi, logo ao chegar pediu para me chamar. Fiquei muito feliz. O mestre estaria reconhecendo meus esforços de restaurar a ordem clássica do zen?

Ao me ver, perguntou com seriedade:

"Você sabe por que as guerras acontecem?"

Guerras? Do que ele estaria falando? Respondi que não estava entendendo.

Ele continuou, fazendo um desenho com seu pequeno cajado sobre o tatame onde estávamos sentados sobre os joelhos:

"As pessoas fazem cercas, criam limites. Consideram o que está dentro da cerca correto e bom. Incorreto o que está fora. Dualidade. Rompa essa cerca. Coma o que todos estiverem comendo no mosteiro. Não se faça de especial."

Saí, compreendi e obedeci. Sem discutir, sem arguir. A partir daquele dia comi tudo o que foi servido, sem fazer dias especiais de jejum.

Uma frase, uma maneira de falar, um instante zen.

Anos mais tarde fui sua assistente durante um retiro. Carregava seus livros e um bastão de incenso até a sala de aulas e palestras.

Logo após subirmos as escadas, Yogo Roshi, que caminhava à minha frente, parou por um instante e chamou meu nome:

"Coen san!"

Imediatamente respondi :"Hai" (Sim).

Depois da palestra, quando retornamos aos seus aposentos, ele me olhou diretamente nos olhos: "Vou fazer a sua transmissão do Darma".

Transmissão é autenticar uma monja ou monge que compreendeu os ensinamentos e é capaz de transmitir a outras pessoas.

Passei uma semana em um aposento solitário, em seu mosteiro, na cidade de Odawara, o Mosteiro de Saijoji, na montanha de Daiyuzan. Era uma montanha inteira. Edificações enormes. O segundo templo mais importante depois do templo-sede de Sojiji, em Yokohama. Muitos Zenji

– abades superiores dos mosteiros-sedes – haviam sido abades desse mosteiro.

Como era um mosteiro masculino, Yogo Roshi me colocou no Shoin – local de hóspedes ilustres. Eu tinha acesso a três salas e um banheiro. Durante sete dias e sete noites copiei antigos textos em japonês, textos que têm sido transmitidos secretamente há mais de oitocentos anos.

Acordava às 4h da manhã, ia para o sodo – sala de meditação –, de lá para as salas de liturgias. Yogo Roshi me permitiu tomar as mesmas posições que os monges. Fui a primeira monja a subir na plataforma elevada onde revolvíamos os sutras da sabedoria, nas cerimônias especiais desse mosteiro. A imagem principal dessa sala, pequenina, de uns vinte centímetros de altura, só é aberta uma vez por ano – é de um monge que foi considerado santo milagroso e protetor: Doryo Sonja.

Após as liturgias, voltava aos meus aposentos para fazer 108 reverências aos ancestrais da linhagem e aguardar a refeição matinal, que a única monja residente deixava na minha porta. Após comer eu devolvia a bandeja para o lado de fora da porta. Sem contato com ninguém mais, a não ser dois discípulos diretos do mestre, que uma vez por dia vinham verificar se eu estava copiando corretamente e se tinha alguma dúvida.

Fiz inúmeras reverências antes, durante e depois das cópias. Ao final, depois de tudo pronto, haveria a cerimônia secreta de transmissão. Deveria ser apenas o mestre, eu e um assistente. O monge de Kirigayaji, em Tóquio, irmão de meu mestre de ordenação, pediu e foi autorizado a participar.

Houve um momento especial e raro.

Durante a cerimônia de transmissão, o mestre coloca a mão sobre a cabeça da discípula.

Eu estivera tão intensamente recolhida e compenetrada durante os últimos sete dias e sete noites que, ao sentir sua mão sobre minha cabeça, percebi um fluxo de energia dos meus joelhos até o topo da cabeça. Eu estava de joelhos aos seus pés.

Parece que sentindo isso, o mestre rapidamente recolheu sua mão, como se houvesse sido surpreendido por um pequeno choque elétrico.

Teria realmente ocorrido ou foi minha imaginação?

Um breve instante.

Em um dos momentos importantes, em que eu e o mestre fazemos reverências completas até o chão de frente um para o outro, reconhecendo que adentramos o mesmo nível de compreensão. Yogo Roshi pediu que abrissem as cortinas e, na sala ao lado, mais de 50 jovens noviços assistiram às nossas reverências mútuas. A sala era iluminada apenas por duas grandes velas.

Na hora não entendi. Fiquei surpresa e até ofendida. Estava nos livros antigos, era um momento secreto. Por que o mestre abrira para esses jovens? Só mais tarde compreendi a grandeza de seu gesto. Ele era considerado o mestre dos mestres zen, no Japão daquela época. Ainda havia muito preconceito contra mulheres e monjas. Permitir que os jovens vissem o grande mestre abaixar a cabeça para uma monja, que além do mais era estrangeira, foi um gesto educador. Uma quebra de protocolo com o intuito de quebrar paradigmas e discriminações – que respeitassem quem deve ser respeitado, independentemente de gênero e de nacionalidade.

Acabada a cerimônia, conforme eu lera nos textos antigos, me dirigi à sua antessala e iniciei uma série interminável de prostrações completas, demonstrando minha gratidão. Yogo Roshi estava do outro lado da porta de papel. Eu podia ouvi-lo respirar, mas não o via. Depois de umas 100 reverências eu o ouvi ligar a televisão. Fiz mais algumas prostrações e me retirei.

Era assim mesmo que deveria ser. O mestre não precisa responder a esses cumprimentos. Conforme eu continuava me prostrando fui percebendo que era para mim que fazia as reverências. Ele estava vendo TV e eu querendo seguir regras antigas que li em livros do passado. Na verdade, percebi que eu queria me sentir correta e adequada. Ainda era o "eu" se manifestando. O comportamento do meu mestre fez com que eu percebesse minha imaturidade. A transmissão está muito além do eu.

Instante zen.

Durante todos os meus anos de vida monástica houve inúmeros instantes zen.

Alguns deles descrevo aqui.

O mais recente foi quando visitei o Butão.

Estava em um grupo organizado por Marcos Aquino, professor de ioga de Salvador. Ele me convidara a participar, por sugestão do professor Marcos Rojo – parceiro meu havia anos do "Encontro Zen e Yoga em Ubatuba", que ocorre sempre na época dos feriados de Corpus Christi.

Visitamos cidades, campos, templos, fortes, mosteiros, palácios. Aprendemos sobre as tradições, a Felicidade Interna Bruta, o rei e a rainha, os locais sagrados, o papel das monjas e monges. Pude me sentar em zazen sobre uma pedra, à beira do rio de águas mais verdes e claras que já vi. Pedras brancas, redondas, que vêm rolando desde os Himalaias. E pensei no poema de Vicente de Carvalho.

> *"Eu fui nascida no monte...*
> *Não me leves para o mar.*
> *Fonte, fonte não me leves,*
> *Não me leves para o mar!*

E a fonte, sonora e fria,
Rolava levando a flor."

Atravessamos uma ponte pênsil com mais de 60 metros de altura, sobre as águas verdes e frias. Colocamos bandeiras budistas coloridas para afastar o mal e o carma prejudicial. Orei no crematório onde as pessoas são cremadas sentadas, na posição de lótus.

Nossa última visita foi ao Ninho do Tigre, um mosteiro construído e incrustado em uma montanha rochosa. A subida era longa. Montei um cavalo para a primeira hora ou hora e meia. O cavalo derrapava nas pedras, não tinha rédeas, eu me segurava no arreio. Orei todo o tempo.

Houve um momento em que o meu pé direito escapou do estribo, por haver ralado em outro cavalo. A minha montaria se assustou e galopou alguns metros. Ficamos em segundo lugar na fila indiana dos cavalos. À nossa esquerda, um abismo. Orei e orei muito. Uma peregrinação religiosa. Ao apear do cavalo, a tira de couro que segurava o estribo se partiu. Por sorte o pequeno guia me amparou. Fiquei envergonhada.

Estava quente. Fui tirando camadas de roupas e me cobri com meu manto de discípula de Buda. Subi a montanha, as escadas e rampas, orando por todas as pequenas montanhas colocadas nas frestas das rochas. Eram cinzas de pessoas que os familiares colocam em locais sagrados. Foram esculpidas pelas monjas butanesas.

Orei todo o tempo. Orei a cada instante.

Dentro do templo me levaram até a sala onde um mestre do budismo tibetano teria chegado há séculos. Ele teria sido o grande inspirador da formação do país. Segundo as crenças, ele teria ficado três anos, três meses, três semanas, três dias, três horas, três minutos e três segundos sentado em meditação numa caverna que fica sob o salão em que eu estava.

Fiz minhas ofertas ao altar (chocolate brasileiro e café), prostrei-me reverentemente, abri o meu zagu – pano de sentar no chão – e sentei-me em zazen. Foi tão forte e comovente que as lágrimas correram livremente por minha face, molhando as bordas do meu manto.

Quanto tempo fiquei?

Não sei.

O tempo já não era.

Senti que poderia facilmente ficar os três anos que o mestre ali ficara.

Estava em casa, confortável.

O movimento de pessoas na sala, conversando, me fez lembrar que havia outras pessoas, que eu estava com um grupo de pessoas do Brasil e era melhor me levantar.

Enxuguei as lágrimas, dobrei meu zagu, fiz mais uma reverência e revi minhas companheiras de viagem. Fomos juntas a outro altar.

Instante zen.

Nada falta e nada excede.

Perfeito, completo, sublime, simples e natural.

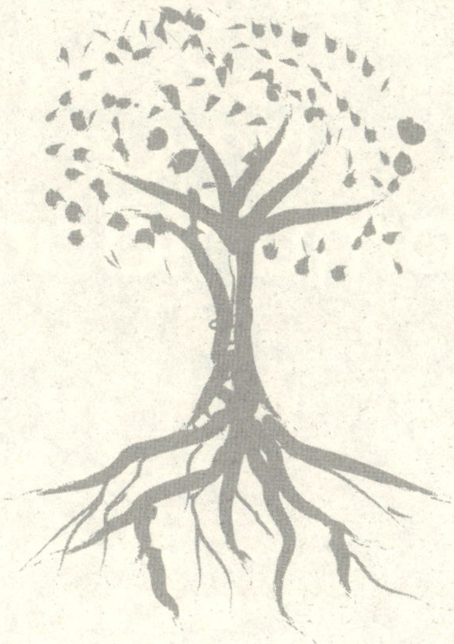

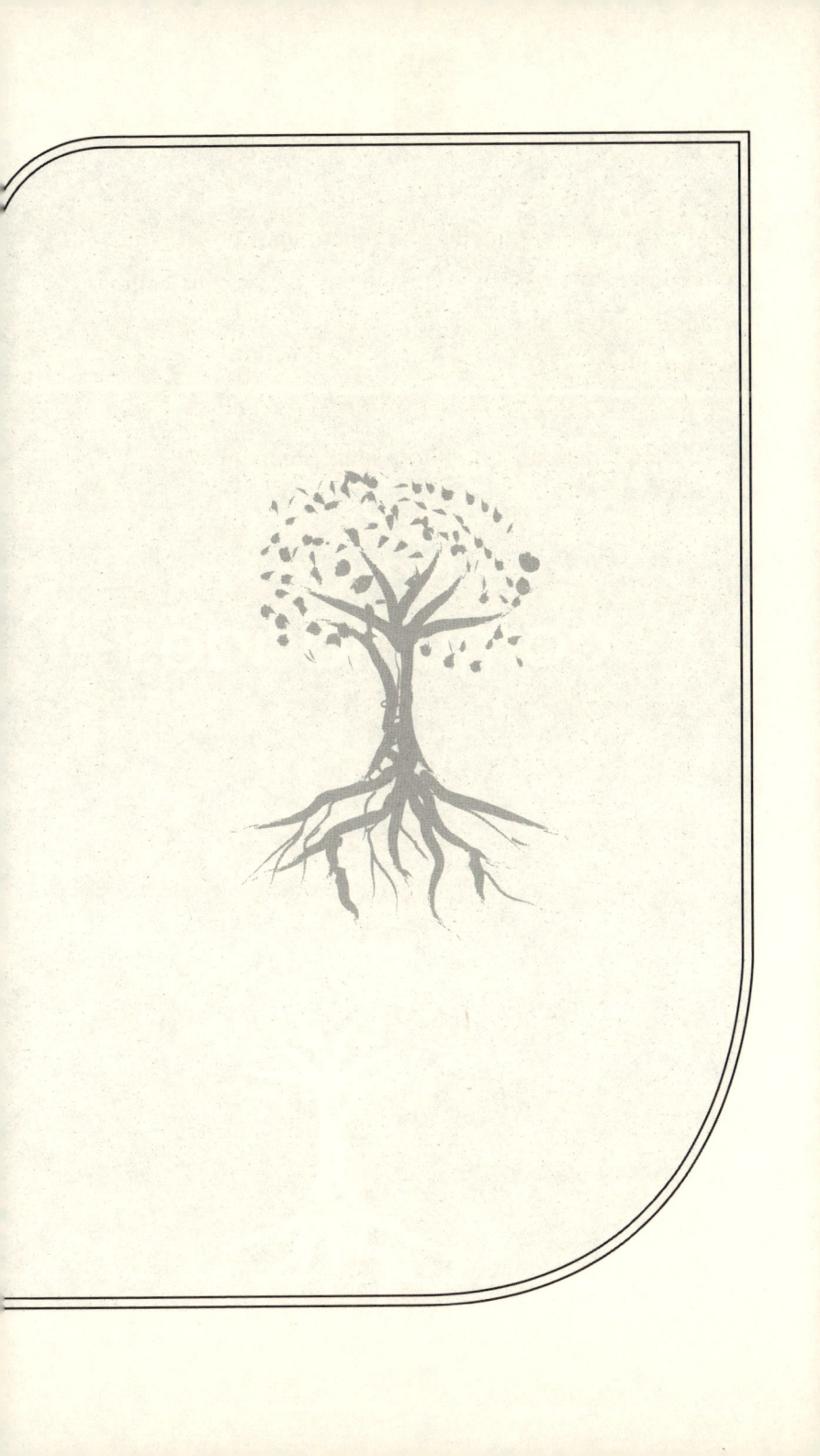

# 3.
Novas
comunidades

SENTAR-SE EM ZAZEN.
MEDITAR ALÉM DO MEDITAR.
A REGRA SEM REGRAS. O
PORTAL SEM PORTAS DO ZEN.

Durante os sete anos de treinamento no Mosteiro Feminino de Nagoya, de tempos em tempos, eu viajava até Tóquio para o Templo Kirigayaji, que fica em Shinagawa, na área central da cidade.

O abade de Kirigayaji, monge Kuroda Junnyu Roshi, é o irmão mais novo do já falecido Maezumi Roshi, meu mestre de ordenação em Los Angeles.

Quando fui ao Japão, Kuroda Roshi foi me buscar no aeroporto de Haneda. Eu levava apenas uma mala com roupas monásticas e uma caixa com livros budistas.

Dois dias depois me levou ao Mosteiro Feminino de Nagoya.

De tempos em tempos me chamava para auxiliar em alguma cerimônia religiosa especial. Era bom pegar o ônibus de Nagoya a Tóquio, o metrô na estação de Tóquio, descer em Gotanda, tomar o ônibus local até o Crematório de Kirigaya, caminhar alguns passos e chegar ao templo.

Havia muitos enterros e serviços memoriais. O templo fica bem próximo do crematório. Íamos a pé.

O monge se orgulhava de levar a monja brasileira, que o seguia carregando seus mantos e instrumentos de liturgias.

Aprendi a oficiar enterros e cerimônias memoriais com Kuroda Roshi. Meu mestre, Maezumi Roshi, dizia que seu irmão mais novo era "especialista em enterros". Ele, Maezumi Roshi, era especialista em zazen.

Anos mais tarde, depois da minha formatura no Mosteiro Feminino e já tendo recebido a Transmissão do Darma de meu mestre Yogo Roshi, estava casada com o monge Shozan Murayama. Juntos fomos morar em Sapporo e trabalhar no Templo Daishoji.

Era um grande templo, com mais de duas mil famílias afiliadas, onde seis monges saíam todas as manhãs para orar nas casas das famílias espalhadas por toda a cidade.

Cada um de nós tinha um carro e rodava seguindo livros com mapas detalhados das ruas, das casas, dos nomes dos moradores. Impressionante. De bairro a bairro havia grandes avenidas expressas. Ai, se errasse uma delas! Inverno, neve, temperatura de menos 17 graus. Tratores retirando a neve das ruas, paredes de mais de 2 metros de altura de lado a lado. Carro aquecido, casas aquecidas.

Lá completei minhas práticas de oficiante de enterros e memoriais. O abade do templo, reverendo Sato Roshi, permitiu que eu oficiasse primeiro os velórios e mais tarde os enterros. Era necessário fazer uma pequena palestra nessas ocasiões. A primeira vez que iria sozinha oficiar um velório todo em japonês, Sato Roshi me perguntou:

"Qual será sua palestra?"

"Vou falar da transitoriedade, nada fixo, nada permanente", respondi muito certa de mim mesma.

Ele, entretanto, me respondeu:

"Isso apenas não é suficiente. O que mais? Lembre-se de que tudo está inter-relacionado."

Importante. Nada fixo, nada permanente e ao mesmo tempo tudo que fazemos, falamos e pensamos mexe na teia da vida, é um dos vetores para transformações presentes, futuras e passadas. Sim, até mesmo o passado é modificado pelas nossas palavras, pensamentos e ações no agora.

Um pequeno despertar. Um instante zen.

Instante de perceber em profundidade o que ainda não havia percebido, de completar um pensamento que ainda não estava completo.

Durante quase três anos, eu e meu marido, o monge Shozan, praticamos em Sapporo. Havia zazen para crianças, aulas de cerimônia do chá, neve de 2 metros de altura nas ruas, carros especiais com pneus aderentes. Derrapadas, sustos, alegrias. Receptividade e acolhida calorosa em todas as casas nas quais eu ia rezar. Cerca de sete a oito residências por dia. Saíamos muito cedo, antes das 7h da manhã. As famílias deixavam o altar preparado, com ofertas de flores frescas, água, doces, frutas e chá. As portas da rua nunca estavam trancadas. Em algumas casas não havia ninguém. Havia sempre um envelope com a doação ao lado do altar.

Pessoas presentes ou ausentes, sempre fazíamos as preces com devoção e cuidado. A doação era levada à esposa do monge que cuidava da contabilidade do templo, como todas as esposas de monges fazem no Japão.

O abade do templo havia me dito que nunca perguntasse a causa da morte de alguém. Deveríamos orar independentemente da razão e das condições da morte.

Certa vez fiz o velório, o enterro e todas as cerimônias consecutivas, de sete em sete dias, até quarenta e nove dias para um homem que havia se enforcado em casa. Enforcar-se ainda é comum no Japão, entre homens que se envolveram em confusões financeiras. Lembra a tradição antiga da autoimolação dos samurais, que cometiam o suicídio abrindo o próprio ventre, para manter a honra de seus familiares.

Orar por todos, sem perguntar quem eram e como morreram. Assim instruíam os mestres. Não discriminação. Não preconceito. Morte é morte. Seja qual for a causa da morte, a mesma prece e o mesmo cuidado, atenção e intenção da paz de nirvana. Que todos possam acessar o reino dos seres iluminados e benfazejos.

A esposa do monge principal era responsável por dividir as tarefas. Havia mais de 2 mil famílias afiliadas ao templo e éramos cinco ou seis monásticos orando de casa em casa todos os dias. Não havia celulares, mas um bip. Quando ela bipasse deveríamos parar o carro e encontrar um telefone para falar com o templo.

As ruas eram complicadas, e grandes mapas, feitos pelas prefeituras, assinalavam casa por casa, com o nome das famílias residentes. Eu precisava de dois ou três desses grandes cadernos de mapas para poder ir de um bairro a outro.

Não podia me perder, os horários deviam ser devidamente respeitados. Era um estresse. Principalmente para mim que não entendia como eram as numerações nas casas, por quarteirões... As ruas eram numeradas, sem nomes.

Nas noites anteriores ficávamos até tarde, Shozan Sensei e eu, estudando as rotas dos dias seguintes. Eu precisava de atenção especial.

Certa manhã saí apressada, estacionei o carro em frente à casa em que deveria orar. Entrei, a família me esperava.

Estranharam minhas preces e perguntaram se eu era nova no templo. Disse que sim. Foram muito gentis, me ofereceram doses e chás, perguntaram sobre minha prática no Japão. Estava quase saindo quando o bip tocou.

Permitiram que eu ligasse para o templo e a esposa do monge estava furiosa:

"Onde você está? A família precisa sair e você não chega. Falei que tinham horário."

"Mas acabei de orar aqui na casa."

"Como?", disse ela. "Deixe-me falar com a família."

Pois não é que eu havia feito oração na casa do vizinho, que era de outra tradição budista?

Envergonhada, saí. Fizeram questão de me dar a doação.

Na casa seguinte pedi muitas desculpas e fiz as preces.

Errando e corrigindo o erro.

Pressa pode levar a erros.

Esse foi o meu pior incidente.

Com as doações que o templo partilhava conosco pudemos ir comprando as imagens para a sala de meditação, os instrumentos litúrgicos, livros, computador, copiadora, garrafas térmicas, telefone, máquina de fazer arroz, estantes, mesa, cadeira.

Montamos um apartamento de dois quartos na vizinhança do templo. Nas manhãs de neve, descíamos, ligávamos os carros – ele tinha o dele e eu o meu –, retirávamos a neve (como é pesada) e subíamos para a refeição matinal. Ao terminar, os carros já estavam aquecidos e a neve derretida dos vidros e espelhos retrovisores eletricamente aquecidos.

A vida era agradável.

Meu marido, o monge Shozan, havia sido um de meus colegas de turma no último treinamento que fiz para me tornar Monja Especial – monja professora de mosteiros.

Era meu terceiro ano – o penúltimo antes da formação. Todos os anos passava três meses internada no primeiro mosteiro que o fundador da nossa ordem havia construído nas proximidades de Quioto, às beiras do rio Uji. No primeiro ano, a monja Daien Bennage, norte-americana, estava se graduando. Compartilhamos o único aposento reservado às monjas. Todos os outros praticantes eram monges. Foi intenso o treinamento, aulas e aulas, zazen, liturgias.

No segundo ano fiquei só nesse mesmo aposento, ouvindo à noite os sapos coaxando no lago próximo de minha janela.

No terceiro ano, uma outra monja japonesa, do mosteiro de Nagoya, iniciou o treinamento. Foi nesse ano que o monge Shozan Murayama, o mais jovem de todos, entrou também para praticar.

Quando o vi pela primeira vez, era como se já o houvesse conhecido.

O que sabia eu?

Seria meu marido.

Durante o treinamento nos revezávamos na cozinha e em todas as funções.

Ele, muitas vezes, foi apontado como meu auxiliar.

Como era jovem, quase 18 anos mais novo do que eu – praticamente da idade de minha filha – eu o tratava com leveza. Ele me pedia instruções sobre os textos sagrados, queria aprender a cerimônia do chá – à qual eu me dedicara por mais de cinco anos.

Foi crescendo certa ternura e amizade. Até que um dia ele se declarou – estava apaixonado por mim.

Fiquei assustada. Fui falar com os superiores responsáveis pelo nosso treinamento. O jovem estava confundindo as coisas. Eu havia sido gentil e o acolhera, como a um filho, um discípulo. Nada de amor, namoro, sexo.

A maioria dos monges na nossa ordem são casados e têm filhos. Há homens que consideram que mulheres seriam mais felizes se mantivessem uma vida sexual ativa. Eu havia feito o voto da castidade. Era um estranhamento para eles. Assim, em vez de o dissuadir, o estimularam.

Vários episódios depois, meu mestre de transmissão, Yogo Roshi, nos casou em um templo próximo do seu mosteiro. Templo de um antigo companheiro de mosteiro do Shozan.

Yogo Roshi me disse: "Você sabe que esse casamento não vai durar muito. Mas eu apoio. Vocês estão cinquenta anos à frente das pessoas que aqui os condenam".

Houve quem me recriminasse por me casar com um monge tão mais jovem. Houve quem entendesse. O que não souberam é que havia sido ele a me forçar a um relacionamento íntimo, que me levou a considerar a possibilidade de um casamento.

Moramos, por uns tempos, em um casebre pequenino em uma comunidade carente. Depois fomos convidados a trabalhar em Hokkaido, a ilha mais ao Norte do Japão, na cidade de Sapporo. De lá viemos para o Brasil onde ficamos durante seis anos no templo-sede da nossa ordem Soto Shu, no bairro da Liberdade, em São Paulo.

Fui nomeada presidente das Seitas Budistas do Brasil, por um ano.

Shozan Sensei, meu marido, me apoiava e orientava nas falas formais em japonês, nas liturgias e no trabalho de divulgar os ensinamentos de Buda para brasileiros, japoneses e descendentes de japoneses.

A comunidade cresceu muito.

Até que, depois de vários episódios, saí para criar uma nova comunidade.

Havia me divorciado de Shozan Sensei.

Eu estava tão envolvida com meus discípulos, com o templo, com os estudos, zazen e ensinamentos que não tinha tempo para cultivar um relacionamento conturbado com um jovem sedento de experiências novas. Assim, ele, livremente, percorria as noites no bairro da Liberdade enquanto eu estudava, dormia e me preparava para o dia seguinte.

Alguns anos depois, ele retornou ao Japão, onde se casou, montou um templo e teve uma filha. Era jovem ainda quando morreu, repentinamente, de um ataque cardíaco. Perdi um grande amigo e companheiro.

A notícia chegou por e-mail, enviada por um discípulo dele. Tristeza. Um irmão de Sanga (comunidade zen-budista).

Fevereiro, dia 3. Pude ir ao Japão para prestar minha homenagem várias semanas depois. Encontrei sua mãe, sua irmã, seu professor. Orei em seu templo e no templo de seu professor. Ofereci incenso. Ganhei um pouco de suas cinzas. É hábito dividir as cinzas de monges nos templos e locais de sua prática ou de seus discípulos.

Os restos mortais de Buda foram divididos e colocados em sete locais na Índia antiga, para trazer bênçãos e prática correta a todos os seres.

Assim, parte das cinzas ficou no templo que ele construiu em Yokohama, onde sua mãe atualmente reside, parte foi enterrada no templo de seu último mestre, um pouco com sua irmã e seu irmão – dentro de um pingente em uma corrente de prata. A parte que me deram levei para o mosteiro-sede de Eiheiji, onde ele havia sido líder dos monges em treinamento – shusso.

Eu orava, sem saber se seria correto ou não derramar um pouco de seus restos mortais ao lado do túmulo do então abade chefe de Eiheiji, Niwa Rempo Zenji, que fora seu mestre durante os três anos que praticou no Templo da Paz Eterna.

Ao aspergir as cinzas o grande sino do templo tocou.

Instante zen.

Outras poucas gramas de suas cinzas eu as trouxe comigo e estão aqui no templo, em São Paulo, no altar. O nome do templo aqui de São Paulo foi dado por meu mestre de transmissão, Yogo Roshi, pouco antes de virmos para o Brasil.

Tenzui Zenji.

Ten significa céu, vastidão, imensidão.

Zui é seguir, obedecer.

Zen é do zen-budismo, de meditar.

Ji significa templo.

Poderia se dizer, em Português, que este é o Templo de Meditar Obedecendo/Seguindo a Imensidão.

Seguir, estar de acordo, estar em harmonia, obedecer a vastidão da mente zen, mente desperta, onde cada instante é um instante zen.

4.
Memórias **inacabadas**

SENTEI-ME E ASSENTEI-ME. TODA A VIDA SE PASSOU POR MINHA FRENTE. A PAREDE BRANCA ERA A TELA DO PASSADO EM FIGURAS ESTRANHAS E COLORIDAS. ERA O PRESENTE E O FUTURO. ERA MINHA MENTE CONVERSANDO COM MINHA MENTE. E O CORPO SE ESTABILIZAVA NA POSTURA.

Quem era eu antes de ser monja? Como me comportava? Como vivia? Qual a transformação que ocorreu?

Tenho algumas poucas memórias.

É inadequado perguntar a uma pessoa que fez os votos monásticos como era antes dos votos.

Até o nome mudamos.

Em algumas ordens religiosas há o compromisso de nunca mais falar do seu passado, de quem era antes de se tornar monja ou monge. Não ficar rememorando, mas viver o novo compromisso de fé.

Faz mais de quarenta anos que vivo e pratico o zen-budismo.

Ou seja, a maior parte da minha vida. Neste ano de 2019 completei 72 anos. O que fiz até os 28 anos de idade, quando iniciei esta procura? Alguns flashes, algumas cenas breves, alguns instantes ainda ficaram. Muito se perdeu, muito desapareceu na névoa que encobre o passar dos anos, nos deixando presentes no presente.

O que memorizamos, pode ser uma escolha?

Talvez sim.

Lembro-me de um instante que decidi conscientemente guardar para sempre. Uma cena simples, de um abajur de pé e um ser amado levantando-se para apagar a luz.

Estava em Londres.

Em Londres as mulheres não se davam as mãos para se cumprimentar, apenas os homens.

Havia alugado um *basement* – apartamento que fica no nível abaixo da calçada e por isso o aluguel é mais barato. Muitas vezes é em frente à janela desse apartamento que os outros colocam suas latas de lixo.

O apartamento era lindo. Tinha cortinas de veludo vermelho cobrindo as de tecido leve transparente branco. Uma mesa de madeira de lei com quatro ou cinco cadeiras. Sofá, duas poltronas, lareira, uma cama encostada numa parede, um closet para roupas, outra cama encostada em outra parede, a cozinha ao lado da sala de banho. A privada ficava no hall da entrada, separada da sala por uma porta de vidro.

As grades que davam para a calçada eram de ferro negro. A casa ficava perto do Hyde Park, bem próxima da loja Harrods.

Eu fora a Londres estudar inglês. Afinal, o Jornal da Tarde sempre me punha nas entrevistas coletivas com líderes de outros países. Foi a desculpa que encontrei.

Estava triste. Havia escrito um texto delicado e sutil que fora transformado em grosserias para um adolescente que se tornara meu amigo. Que pena.

Pedi licença de seis meses para estudar inglês no West London College.

Aluguei meu apartamento em São Paulo e meu pai se comprometeu a me enviar todos os meses trezentos dólares – o máximo permitido naquela época a ser enviado a quem residisse no exterior.

Estava o Brasil sob um regime militar.

"Ditadura entreguista, faz o jogo imperialista.", Gritavam os jovens nas passeatas.

Participei como jornalista. Fui empurrada por policiais a cavalo. Corri do gás lacrimogêneo. Dei as mãos aos jovens e entoei junto seu mantra.

Namorado jornalista se despediu de mim e me ofereceu um livro de poema de Vladimir Maiakovski. Eu era seu apego burguês.

Ele ia para a clandestinidade.

Nunca soube qual era seu grupo. Sabia apenas que havia uma líder mulher que reclamava muito dos nossos encontros fortuitos.

Ele fazia as malas, empacotava coisas, me entregou o livro.

Onde ficou esse livro?

"Em que espelho se perdeu a minha face?", escreveria Clarice Lispector.

Nunca mais o vi. Era lindo e forte. Jovem.

O que teria feito?

Contaram-me depois que foi preso, torturado, ficou paralítico, queimaram sua língua com choques elétricos, as pernas, pois não delatara ninguém.

Morreu.

Morreram tantos.

Não foi realmente uma ditadura – ditaduras precisam de um ditador, recentemente aprendi isso em uma entrevista com a professora de história Maria Aparecida de Aquino, que me enviaram pelo WhatsApp. Vivíamos, naquela época, sob um estado autoritário, explicou a professora Maria Aparecida.

Os jornais não foram fechados, mas censurados. Pessoas do governo liam todos os textos antes de serem publicados. Censuravam o que não era de seu agrado. Deixávamos espaços em branco ou colocávamos textos de poesias, de literatura, por exemplo. As leitoras e os leitores sempre sabiam que havia alguma notícia que fora censurada.

Os homens da censura não eram nossos inimigos. Éramos contra a censura, sim. Mas os editores conversavam e tomavam café junto aos censores. O clima na redação não era de hostilidade.

Fiquei pouco tempo nessa situação. Logo fui para Londres. Questionava-me sobre o sentido da vida. *Por que alguns com tanto e outros com tão pouco?* Havia entrado em contado direto com a pobreza, a miséria. E também com a riqueza e o poder. Era jovem, final da adolescência, início dos 20 anos de idade. Queria um mundo diferente, menos violento. Seria possível?

Quando entrei no JT havia romantismo. O romantismo de ser jornalista da nova geração. Não apenas eu, mas muitos na redação. Éramos jovens e com ideias transformadoras. Grandes fotos. Textos curtos e claros. Dr. Ruy Mesquita nos permitia inovar. Líamos muito, nossas conversas eram sobre textos literários, textos jornalísticos, matérias. Intensa e comovente era a vida.

E, de repente, um texto meu, trabalhado, longo, fora revisado e frases alteradas. Frases que feriam um adolescente que conheci em um barco. Eu havia escrito "o jovem que se acha feio" e mudaram para "o jovem feio". Ora, eu e a fotógrafa *freelancer* que me acompanhara na viagem de barco levamos dias convencendo este jovem que ele não era feio. Adolescência é assim mesmo. Espinhas no rosto serão curadas com o tempo. Ele foi se abrindo e sorrindo. Ao final da viagem parecia um outro jovem. E veio a matéria, assinada. Assassinada. Como teria ficado meu amigo adolescente?

Fui indagar ao revisor e ele me disse algo que nunca antes alguém dissera naquela redação: "Ah! Eu estava cansado e minha esposa me esperava". Teríamos perdido o romantismo de não nos preocuparmos com o tempo, e sim com o texto, a informação? Será que a notícia, o jornal excelente e verdadeiro deixava de ser nossa prioridade?

Minha cabeça girava. Falei com o redator-chefe, com os editores – que pelo menos não tivessem assinado meu nome. Houve outras alterações, mas esta para mim foi a gota no copo cheio.

Pedi licença para ir procurar a verdade e o caminho em outras terras. Deram-me seis meses, sem remuneração.

Londres para onde haviam ido Caetano e Gil, onde jovens dançavam nas praças, terra de onde vieram os Beatles, espelho mágico do mundo. Fui.

De tantas coisas em "London London" – gatinhos me impedindo de datilografar (sim, uma máquina de escrever portátil vermelha de teclas brancas, Remington). Quantos textos foram perdidos por esses filhotinhos que alguém deixou entrar?

Vivi experiências estranhas e misteriosas. Algumas explicáveis, outras não.

Se na época da redação o vinho era o companheiro das madrugadas paulistanas, em Londres fui encontrar haxixe e LSD.

Na televisão, um especial da BBC sobre Carl Gustav Jung me inspirava. Mal entendia inglês. Mas alguma coisa ficava. Comprei seus livros. Comprei um toca-discos. Comprei discos – LP, hoje chama vinil. Carole King, jovem na capa, com um gato.

Gatos apareceram. Dois escoceses vieram morar comigo. Eram amigos. Um deles era uma espécie de guru, de líder espiritual de um grupo de escoceses e alguns ingleses. O outro era um ser em formação.

Fazíamos experiências de comunicação a distância, de viagens interiores, de usar a força do pensamento para acabar com as guerras. Acreditávamos nisso. Ele, cujo nome não me lembro, era meu grande amor e meu guia nas viagens e descobertas do sagrado. Em seu rosto eu via todas as formas de vida, todas as faces, até que se tornara quase um holograma de si mesmo, e no teto da sala uma luz dourada, talvez de 10 centímetros de diâmetro, circulava.

Segundo ele, Deus estava falando comigo. Foi emocionante e suave. Depois tínhamos o trabalho de voltar a ser quem éramos, fechar os canais de percepção, de redescobrir meu corpo e minha face, a cor de meus olhos castanhos. Tudo feito com respiração consciente, confiança e fé.

Pois, nessa noite, quando nos deitamos, havíamos esquecido o abajur aceso. Ele se levantou para apagar e eu pensei: *vou gravar essa imagem para sempre*. Assim é.

Essa memória foi escolhida.

Outras, mesmo sem escolha consciente, de tempos em tempos se manifestam.

Quando fui morar em Los Angeles não sabia exatamente o que iria acontecer. Enquanto meu marido norte-americano procurava trabalho na indústria musical eu o esperava no apartamento de uma jovem atriz. Essa jovem, cujo nome e cujo rosto já não sei, tinha uma filha pequena. Algumas vezes ela saía e me pedia para ficar com a menina. Eu adorava brincar com ela. Mas meu marido ficava furioso.

Se era para ser *babysitter* ela deveria me pagar ou descontar do aluguel. Ainda mais quando eu dividia minha refeição congelada com a criança. Foi a primeira vez que me dei conta da maneira que norte-americanos se tratam mutuamente, como tudo pode ser um negócio e precisa ser pago.

Nessa época comecei a procurar o *Self-Realization Fellowship* e me interessar por meditação com algum método.

Comentei com a jovem atriz que meu sonho era me sentar em lótus completa. Vale lembrar que eu tinha menos de 30 anos de idade e era magra.

Ela resolveu me ajudar. Sentei-me no chão e estiquei as duas pernas. Ela colocou meu pé esquerdo sobre minha coxa direita e o pé direito sobre minha coxa esquerda. Um nó. Senti-me presa. Não conseguia me desvencilhar. Incomodava muito. Fiquei poucos instantes e ela me libertou.

Só anos mais tarde fui novamente me aventurar ao controle de meu próprio corpo e a me sentar em lótus completa. Levei anos para chegar lá. Sentei-me por anos em lótus completa, e agora retorno a me sentar nas cadeiras, por causa do sobrepeso e consequente dor nos joelhos.

As aulas de balé foram importantes para reconhecer meu corpo e saber usá-lo conforme me aprouvesse.

Inscrevi-me em duas escolas, ambas aulas eram mistas de pessoas comuns – como eu – e de profissionais do *show business*. Los Angeles é uma cidade de artistas, atuando ou procurando trabalho.

Nossa primeira bailarina do grupo em Ventura Boulevard era garçonete. As aulas eram árduas. Cada exercício devia ser repetido 32 vezes. Transpirávamos muito. Eu sempre ficava no fundo da sala. As aulas eram de três horas aos sábados e domingos.

O outro grupo era em Hollywood. Aulas todas as noites. No início eu fazia apenas uma aula de uma hora e meia, depois passei para três horas diárias.

Nessa época, minha vizinha foi ao médico e iniciou a dieta de Beverly Hills. Pediu que eu a acompanhasse. O que o médico receitava para ela, de alimentação, eu também fazia. Cada dia, cada semana. Emagreci mais de 10 quilos. Fiquei pesando 47 quilos. Precisei comprar roupas novas. Não houve nenhum remédio, nenhuma droga. Uma limpeza no corpo. As duzentas e dez horas de balé clássico semanais ajudaram meu processo, bem como a seriedade com que segui a dieta.

Minha vizinha emagreceu pouco.

Meu corpo era só músculos, meu condicionamento me permitia andar e andar muito.

Minha filha veio me visitar. Não me reconheceu no aeroporto. Eu estava de costas quando ela saiu da alfândega, em L.A. Meu marido tinha cortado os cabelos. Éramos duas outras pessoas. Mas o amor era o mesmo e entre lágrimas nos abraçamos e nos abraçamos muito.

Cada encontro e cada despedida, um mar de lágrimas e sorrisos.

Minha mãe veio depois.

Fomos viajar juntas para o Grand Canyon, no Arizona, e para Washington DC.

Eu caminhava e caminhava. Minha mãe e ela foram ficando exaustas. Era verão nos Estados Unidos. Estávamos de shorts e usávamos chapéu de palha. Até o momento em que minha mãe se sentou embaixo de uma árvore e disse:

"Não ando mais."

Foi só então que notei o quanto eu as estava puxando, pois eu nem começara a ficar cansada.

Que vergonha!

Hoje, com mais de 80 quilos e 72 anos de idade posso entender minha mãe em condições semelhantes.

Que falta de sensibilidade!

E já estava praticando no Zen Center de Los Angeles.

Aos poucos fui trocando o balé pelo zazen. Por mais agradável que fosse eu sabia que já tinha passado da idade para ser bailarina – era um hobby. Por mais que emagrecesse e me esforçasse, o tempo era outro tempo.

Nos retiros zen comemos com todos na sala de meditação, sentados em meditação. Se nos primeiros retiros fiz jejum ou comi muito pouco, aos poucos fui mudando. Passei a comer o que todos comiam e deixei as aulas de balé pela piscina de um hotel próximo. Até a praia de Malibu ou Venice foram abandonas depois que vendi meu carro.

Sem chaves, sem cheques, sem marido, sem trabalho, pude mergulhar no zen em lótus completa. A dor se tornou minha mestra de presença absoluta e transigência. Nada fixo. Nada permanente. Cabelo sendo cortado, até ficar bem rente. Roupas simples, uniforme, dois ou três. A cama, um tatame no chão e um saco de dormir. Nada pertence ao ser. Liberdade.

Foi um grande passo?

Não. Foi o passo seguinte. Caminhando, simplesmente. Nada de muito extraordinário, complicado, difícil.

Apenas o passo seguinte, *como o pé na frente e o de trás ao andar.*

Poema do século VIII de Sekito Kisen Daiosho, um dos monges da minha linhagem Zen, chamado de "Identidade do Relativo e do Absoluto". Eis aqui um trecho de onde vem essa frase:

Causa e efeito devem retornar à grande realidade.
As palavras alto e baixo são usadas relativamente.
Dentro da luz há escuridão,
Mas não tente compreender esta escuridão.
Dentro da escuridão há luz,
Mas não procure por esta luz.
Luz e escuridão são um par,
Como o pé na frente e o pé de trás ao andar.

Na sala de Dokusan – entrevista individual com o mestre –, entrei convicta de haver compreendido que "forma é vazio e vazio é forma", um dos ensinamentos principais da nossa tradição.

Fiz as reverências formais. Sentei-me frente ao mestre (ele parecia tão alto e grandioso, como um dragão ancestral) e exclamei:

"Forma é vazio e vazio é forma. Tudo é o grande vazio!"

Ele me olhou profundamente e com seu bastão bateu forte na minha coxa dobrada (eu estava sentada em seiza, sobre meus calcanhares):

"Então, o que é isso?"

Dor, dor, dor. Vazio de dor? Dor no vazio?

Não ficar presa no Absoluto nem no Relativo.

Comentei com outros professores. Alguns não aprovaram a violência da ação do mestre, outros sorriram. Eu me senti estimulada a praticar melhor.

No fim de semana anterior, quando ainda tinha o meu carro, havia levado dois monges japoneses para conhecer a praia.

Na noite seguinte, um deles quis ir comigo ver o pôr do sol. No caminho, eu cantava músicas de rock'n'roll. Ele me disse:

"Se você quer ser monja é melhor ir estudando e decorando a linhagem."

Durante todo o percurso fomos recitando:

Bibashi Butsu Daiosho
Shiki Butsu Daiosho
Bisahfu Butsu Daiosho
Kuruson Butsu Daiosho
Kunagonmuni Butsu Daiosho
Kasho Butsu Daiosho
Shakamuni Butsu Daiosho...

Na praia, comecei a fazer alongamentos de balé e o monge me recomendou: treine a fazer reverências, prostrações completas até o chão.

Interessante. Boa ideia.

Eu estava vestida de branco: calças jeans e camiseta branca. Os cabelos ainda eram longos e cacheados. Devia pesar uns 50 quilos. Queria ser monja.

Quando entramos no carro para voltar, ele quis parar em um motel. Relutantemente parei. A porta do quarto do hotel não abria, estava emperrada. Eu, bem feliz, disse: "Vamos embora."

Ele deu um chute na porta e ela abriu.

Sexo.

Ele não era apenas ele. Eram todos os homens com quem eu já havia me relacionado intimamente. Estranho e fascinante.

Não me lembro de mais nada. Quando teríamos voltado ao Zen Center? Um mistério. Talvez hoje fosse considerado abuso sexual. A praticante que cede ao monge.

Mas eu era uma mulher divorciada, mãe de uma adolescente e, realmente, não fui forçada.

Nosso relacionamento durou algumas semanas.

Ele se apaixonou por outra monja, norte-americana, loira e mais antiga na ordem. Tiveram um romance forte e bonito. Eu o vi, uma noite, saindo do quarto dela, que era próximo ao meu. Ela estava nua.

Havia muita liberdade sexual no Zen Center de Los Angeles.

Depois o monge se mudou para Nova York, para ajudar na formação do mosteiro zen que existe até hoje perto de Woodstock.

A monja acabou se casando com um norte-americano e um de seus filhos me visitou aqui em São Paulo há alguns anos.

Eu, dois anos depois, fui para o Japão com o firme propósito do voto da castidade. Já havia tido relacionamentos sexuais suficientes...

O monge foi me visitar no mosteiro e perguntou se eu queria sair para passear pelo Japão com ele. Respondi que não. Estava ali pelo Darma de Buda. Não tinha interesse em conhecer o Japão, em passear, muito menos com ele.

A vida dá voltas e voltas.

Meu voto de castidade foi rompido, quando fui abusada por um outro monge. *Que carma é esse*, eu me perguntava? Passou. Pela última vez fui forçada a uma relação sexual num local de treinamento.

Resolvi casar com esse monge. Única maneira de ser respeitada pelos outros monges? Assim foi.

Ninguém nunca mais me forçou. O jovem marido era um escudo perfeito.

Claro que houve amor, ternura e vida sexual. Até que fomos nos distanciando, nos separamos oficialmente, ele voltou ao Japão, casou, teve uma filha e morreu.

Pude orar em seu túmulo, cumprimentar sua irmã e sua mãe. Meu amante, meu amigo e companheiro.

Passado.

Algumas memórias...

Quando era criança meu tio fazia com que eu segurasse no seu pênis. Falava coisas que eu não entendia.

Nunca ejaculou em minhas mãozinhas pequenas.

No Clube Atlético Paulistano eu adorava nadar. Subia no trampolim para me jogar na piscina. Do trampolim eu via um homem de capa, do lado de fora do clube, que me mostrava suas partes íntimas. No ônibus houve quem se encostasse em mim. Isso não acontecia com minha irmã. *Que carma seria esse?*

Aprendi a me defender, a falar alto no ônibus, descer no ponto errado para não ser tocada.

No cinema, uma vez, um homem sentou-se ao meu lado, levantou as calças e começou a esfregar sua perna peluda na minha perna de pré-adolescente.

Mudei de lugar.

Com 13 anos de idade meu namorado, com minha ajuda, subia ao meu quarto no meio da noite. Era curioso e ao mesmo tempo doloroso. Prazer sexual?

O que seria isso?

Houve pajens e arrumadeiras que ficavam conosco enquanto minha mãe trabalhava. Algumas me ensinaram a abraçá-las, mexer em suas partes íntimas enquanto elas mexiam nas minhas. Depois foram embora. Não me lembro de seus nomes, de suas faces.

Houve mulheres dignas, que me cuidaram com respeito e amorosidade. Dessas eu lembro as faces e lembro os nomes. Uma delas foi a Rita, inesquecível. Alta, forte, vinda do Norte. Limpava a casa, cuidava de nós, passava roupas, servia a mesa. Rita tinha o nariz e os lábios bem finos. Mãos grandes e poderosas, deixava a casa impecável.

Certa ocasião, meu pai chegou em casa e Rita foi dizendo a ele, em nossa frente:

"As meninas estão muito desobedientes, seu José. Elas..."

Ele não a deixou terminar a frase:

"Não fale mal de minhas filhas para mim."

Sagrado e santo pai.

Rita entendeu. Talvez tenha continuado a reclamar de nós para ele, mas nunca em nossa presença.

Memórias. Escolhemos nossas memórias ou somos escolhidos por elas?

Há tanta coisa nesse baú antigo.

Algumas bonitas e outras feiosas.

Nem todas dignas de serem tocadas, lembradas, ativadas.

Passado.

Tinha 12 ou 13 anos de idade.

Estava de uniforme azul-marinho e blusa branca.

De joelhos em um dos bancos da capela do Colégio Nossa Senhora de Sion, no bairro de Higienópolis, em São Paulo. Missa matinal. Olhei para a imagem principal e ela parecia se mover, sim, estava se movendo. Quando saímos do colégio, no final da tarde – éramos semi-internas eu e minha irmã mais velha – comentei com minha irmã da imagem se mexendo.

"Isso é ilusão de ótica. A imagem se mexe para quem olhar fixamente."

Lá se fora minha santidade.

Aliás, minha irmã gostava de dizer que eu era "santinha do pau oco", uma expressão antiga que derrubava minha pureza.

Certa noite sonhei que estava na clausura – ah, a clausura me seduzia bem como as freiras andando pelos corredores próximas das paredes. Ninguém andava pelo meio do corredor.

Sonhei que estava na clausura tomando chá com as monjas vestidas de branco e que Jesus estava conosco.

Ríamos. Era um encontro alegre. Comentei com a madre responsável pelos nossos estudos.

"Isso é um chamado para a vida religiosa. Você decide."

Um chamado. Que lindo. Contei para meu pai e ele:

"Monja não. Freira não. Pelo amor de Deus. Qualquer coisa menos religiosa."

Ouvi meu pai e minha irmã. Deixei de lado a vocação religiosa.

Meu avô, pai de meu pai, havia estudado para ser padre, em Portugal. Foi seminarista. Depois, estava fazendo estágio em uma paróquia onde se apaixonou pela irmã do pároco. Aflito, foi pedir conselho. O pároco respondeu:

"A escolha deverá ser sua. Abandone a batina e se case com ela ou vá morar noutra cidade."

Cônscio de seu dever religioso, ele se mudou para outra cidade e depois mais outra. Na terceira cidade, andava de bicicleta quando viu Emília na calçada. Amada Emília. Deus a colocara novamente em seu caminho. Ele fugira, fora embora, tentara esquecer, dedicar-se à Igreja.

Mas, ela ali estava. O irmão havia sido transferido para a paróquia do bairro.

Vovô abandonou o hábito e se casou no civil. Religioso? Não era possível. A eles não era permitido nem mesmo assistir à Santa Missa. Vovô e vovó. Tiveram três filhos em Portugal e vieram ao Brasil ter outros três. Meu pai foi o caçula dos meninos.

Chegaram ao porto de Santos em um grande navio.

Quase foram para os Estados Unidos, mas por causa do português vieram ao Brasil. Vovô tinha um contrato de professor numa escola de fazenda. Ninguém os esperava no porto. Perdidos e confusos, com três crianças, tiveram muita dificuldade em encontrar a fazenda.

A casa para eles era casa de colono, de pau a pique, chão de barro. Vovó sempre vivera nas paróquias das cidades portuguesas. No interior do Brasil havia baratas gigantescas que voavam. Vovó fechava todas as janelas e ficava quietinha dentro da casa, abraçada a seus filhinhos, assustada.

Nunca havia visto pessoas negras. Arregalava os olhos para aquelas palmas brancas e o resto escuro. Vovô a acalmava e a aquecia com sua ternura. Mas, vendo seu desespero, pediu ao fazendeiro que os perdoasse, mas iria para São Paulo com a esposa assustada.

Assim se mudaram. Ele conseguiu emprego de professor de português, latim e francês. Bendito seminário. Era respeitado. Trabalhava em três turnos para poder pagar o aluguel e os alimentos. A casa grande perto da escola principal – o Caetano de Campos, na Praça da República – também se tornou uma pensão para crianças vindas do interior. Vovó cozinhava, lavava, passava, limpava a casa. Vovô dava aulas e a meninada crescia.

Meu pai sempre quis que eu e minha irmã estudássemos. Nada de ser dona de casa. Ler, se especializar, profissão liberal. Ele admirava mulheres que eram advogadas, médicas, dentistas, engenheiras, poetisas, escritoras, jornalistas. Mulheres que trabalhavam nas empresas, no governo. Desestimulou qualquer arte doméstica – costura, cozinha, faxina.

Uma vez, já anos e anos mais tarde, quando me viu pendurando roupas num varal, olhou com tristeza e me perguntou:

"Você gosta de fazer isso?"

Eu sorri e ele disse:

"Bem, minha mãe também gostava."

Eu ainda era criança quando um dia fomos todos os primos e primas, irmãos e irmãs de papai para uma igreja. Havia uma escadaria curva. Não era uma missa comum.

Quando comentei com minha mãe, ela disse:

"Devem ter se casado na Igreja. O Papa permitiu."

Talvez fosse por isso que papai não queria saber dos religiosos. Seu pai e sua mãe, por terem se casado – e se amaram e se respeitaram a vida toda – ficaram impossibilitados de ir à missa por anos e anos.

Ele, meu pai, também teve experiências sinistras com religiosos que frequentavam o palácio do governo e pediam por bebidas, comidas, mulheres e propinas.

Vida, vida Severina.

César era amigo de meu pai e primo-irmão de minha mãe. Escrevia uma coluna diária em um jornal chamado *O Dia*. Muitas vezes iniciava com "Bom dia, Dia". Escrevia poesias e telefonava para as ler para minha mãe, também poetisa. Ficavam horas ao telefone. Ele lia para ela seus textos e poemas. César era alegre e gentil, sempre dizia que estávamos lindas.

Mesmo idoso, já quase completamente cego pelo diabetes malcuidado, numa cadeira de rodas, certa noite nos cumprimentou e me disse:

"Você está linda."

E eu, na minha ignorância respondi:

"Mas você não está me vendo."

E ele respondeu: "Vejo, sim, e a vejo linda."

Os olhos do coração.

Era casado com Clarisse, que mantinha seus longos e lisos cabelos negros presos atrás da cabeça. Elegante e gentil, tocava piano e compunha.

Tiveram três filhos homens. Mamãe os chamava de "os filhos do César".

Pois os filhos do César haviam se tornado músicos. Mutantes. César telefonara para minha mãe, que os visse na TV, num festival tocando e cantando com Gilberto Gil. João e José, na feira, o sorvete na mão...

Os meninos se lembravam de mim, dos poemas assustadores que eu declamava nas festas durante nossa infância, de ser bonita... fui reencontrá-los no dia da morte de minha vovó Virgilina. Fui levar a Clarisse de volta para casa. Eu estava de shorts preto e casaco longo, botas. Sergio, meu primo, estava lá. Ficamos alegres de nos rever. Brincamos, ele tocou violão.

Sempre tocando violão, desde pequenino.

Os meninos haviam sido muito levados.

Parece que até mesmo um dia disseram a seus pais que não iriam mais à escola porque os professores e professoras eram burros. Eram três pequenos gênios, criados como gênios pelos pais atarefados.

Clarisse no piano. César na política e na poesia.

Os meninos soltos, dizia minha mãe.

Quando vinham em casa para as reuniões familiares sempre nos ensinavam coisas divertidas. Uma delas foram truques para mandar empregadas embora: "basta pegar o esguicho e molhar o quarto delas". Sem dúvida dava certo.

Minha irmã e eu gostávamos de andar a pé pelo bairro.

Certa vez nos atrasamos muito e levamos uma surra, daquelas clássicas. Mamãe sentou-se no banco de roupas sujas no banheiro e colocou primeiro minha irmã, depois eu, em seu colo e deu boas palmadas em nossas pequeninas nádegas nuas.

Só nos bateu duas vezes.

Essa e a outra vez, quando na igreja de Santa Cecília andávamos de quatro embaixo dos bancos e puxávamos elásticos das pernas das senhoras sentadas, elásticos que eram as ligas das meias de seda das senhoras em oração.

A igreja era tétrica. A imagem de Santa Cecília morta, a de Jesus morto, em caixões de vidro. Sinistro. Melhor era correr por baixo dos bancos e ouvir os gritos: "aiii"!

Fomos descobertas.

Mamãe, furiosa, veio guiando o carro em silêncio. Era um Ford 51, azul, banco de couro. O banco da frente era um banco só. Nunca mais puxamos ligas de senhoras em igrejas.

O dr. Lobo era nosso pediatra. Odiava as visitas dele com aquele pauzinho de abaixar a língua para ver as amídalas. Mamãe havia nos ensinado a abaixar a língua para não precisar daqueles pauzinhos que davam ânsia de vômito.

Tive sarampo, catapora, tosse comprida, caxumba.

Eu sofria de bronquite. Sofria. Ficava sem ar. Três travesseiros empilhados. Dormia sentada na cama, sufocava. Vinha dr. Lobo e dava injeção anticatarral. Expectorava. Catarros. Infância de catarros em penicos de louça branca.

Fazia xixi na cama. Mamava em um paninho.

Amado paninho. Na tristeza, na injustiça, ia atrás da porta com o paninho. Só dormia com o paninho na boca. Um dia meu pai colocou pimenta no paninho. Lavei e continuei mamando. Só parei quando casei.

Foi também quando parei de fazer pipi na cama.

Nem dormia direito, preocupada em ir ao banheiro e não molhar o marido. Tinha 14 anos de idade.

No altar, dia do casamento na Igreja de Santa Terezinha, minha mãe aos prantos, soluços altos. Meu pai cochichava: "não faça escândalo", e ela, entre paradas respiratórias, dizia: "Tiraram uma criança do meu colo para casar. É uma menininha".

Eu contente. Casando seria chamada de senhora e de dona. Era adulta. Ninguém mais mandaria em mim.

Assim imaginava e nem sabia que a vida de casada não seria fácil. Minha cunhada, um ou dois anos mais velha do que eu, tornou-se minha grande amiga. Comprávamos doces e comíamos escondidas no quarto. Por quê? Sei lá. Farrinha de adolescente.

O apartamento de minha sogra era grande e bonito. Recebia seus amigos do Clube Harmonia para um jantar ou almoço mensal. Eu me vestia de senhora, de *tailleur*, unhas longas, cabelos clareados e penteados pelo Luiz, do Jambert Cabeleireiros da rua Antônio Carlos. Usava piteira. Fazia pose. Gostava de ler, lia muito e lia de tudo. Hoje, quando algumas dessas imagens do passado surgem meio embaçadas e confusas fico pensando nessa jovem mulher, que foi estudar um método (Goren?) de jogar bridge para acompanhar a sogra em seus programas semanais de campeonatos.

Não tinha o que fazer às tardes.

Almoçávamos na sogra todos os dias. O marido trabalhava na Willis do Brasil e depois em outras empresas. Usava sempre camiseta branca sob a camisa social. Na adolescência residira no Texas para um intercâmbio cultural. Depois foi para as corridas. Corredor e organizador de corridas, ele foi um dos que trouxeram a Fórmula 1 para Interlagos.

Não queria me levar para as corridas e nem que eu conhecesse seus amigos e amigas. Eu não podia dizer minha idade. Ficava embaraçado de estar casado com uma adolescente. Ele era sete anos mais velho do que eu.

Sofreu um acidente – quase morreu. Deixou de correr, foi ser comentarista de TV. Morreu no desastre de Orly, nos arredores de Paris, em 1973.

Uma estrela no céu.

Isso foi depois de termos nos separado. Brigas e mais brigas. E a minha amiga cunhada deixou de ser amiga e veio buscar as coisas dele, com ele, em nosso apartamento. Eu tinha 16 anos e estava grávida. Quando criança, na escola, minha melhor amiga me entregou colando.

Eu gostava de estudar. Era divertido fazer provas e verificar meu grau de aprendizado. Nunca fui das primeiras, mas sempre passei de ano com tranquilidade.

Gostava de estudar andando pela sala de visitas e falando alto os assuntos a serem memorizados e compreendidos.

Eu havia estudado para a prova. Acho que era de geografia, no terceiro ano primário. Devia ter entre 9 e 10 anos de idade.

Resolvi fazer algo que nunca havia feito, colar na prova. Estimulante e engraçado. Minha amiga sentou-se na cadeira atrás da minha. Bem alegre, abri um livro sob a escrivaninha e comecei a colar. Driblar a professora. Sentir-me poderosa. E não foi que a minha melhor amiga levantou a mão e gritou: "Professora, ela está colando".

A professora perguntou se era verdade.

"Sim", respondi num misto de orgulho pela minha transgressão e tristeza pela amiga delatora.

Ao final, a suposta amiga me disse:

"Você irá me agradecer mais tarde. Estou fazendo a você um favor. Ninguém deve colar, nem de brincadeira."

A professora escreveu com tinta vermelha no alto da folha de papel almaço: "Zero, pois estava colando."

Meu pai ficou bravo, os olhos azuis bem claros:

"Pode repetir de ano, mas não pode mentir. Colar é mentir. Nunca mais faça isso. Nunca minta."

Nunca mais colei, é verdade. Nunca mais menti, também verdade.

Nunca mais confiei nas supostas amigas. Também é verdade.

Difícil ser só? Aprendemos a viver conosco e desconfiar até mesmo da nossa mente.

Orai e vigiai?

Estudar, ler, praticar, meditar e manter a plena atenção é manifestação de Prajnaparamita – a Sabedoria Perfeita. É a penetração no sentido mais amplo e profundo da Natureza Buda, do vazio – nada-tudo.

Meu nome budista – Co – quer dizer só, orfã.

Aprendi a ser só.

E isso combina com monja, que vem de *monos*, só.

Talvez assim se complete o círculo, o círculo perfeito.

De abusos e falsidades, de invejas e maldades, de afetos e ternuras, de encontros e bondades.

Vida vida serena.

Via via de Buda.

Retorno e me abrigo em Buda.

Retorno e me abrigo no Darma.

Retorno e me abrigo na Sanga.

O bebê de braço erguido, a menina declamando, a adolescente casando, a mãe amamentando, a jornalista escrevendo, a motociclista viajando, a hippie se drogando, a professora de inglês ensinando, o rock'n'roll rolando, a meditação meditando e a monja monjando.

Há muito mais e muito menos.

Hoje tenho mais de 1 milhão de seguidores no Canal MOVA no YouTube e outros milhares de ouvintes da Rádio Mundial.

Sou um ser comum, que passei por abusos e me recuso a abusar, que fui humilhada e me recuso a humilhar, que faço o voto diário de me auto-observar para responder à vida com uma pitada de sabedoria e três porções de paz, compaixão e ternura.

O passado se foi. Ficaram algumas memórias que nem sempre são as mesmas de quem cruzou minha vida.

A mente tem essas armadilhas.

Assim, peço perdão a quem eu tenha esquecido de mencionar neste livro. Não que você não tenha sido importante, apenas fui deslizando naquilo que foi mais marcante.

Pode ser tudo mentira. Para mim pareceu verdade.

Que todos se beneficiem e encontrem a verdadeira paz.

Paz que vem de desvendar as tramas das armadilhas mentais e livre poder cantar: Namu Xaquiamuni Buda!

"Não minta! Quem iria dar caipirinha para uma criança?"

"Não é mentira, papai. Eu não minto. Você não acredita em mim?"

Voltei para a casa em festa, naquela manhã de sábado, e pedi outro copo daquele suco de limão. O garçom me deu. Bebi o copo todo, de uma só vez. E desta feita não comi nada depois.

Papai tomava sol na Praia Grande.

Cheguei bem perto dele, abri a boca próxima de seu nariz, dei uma baforada com cheiro de pinga e disse:

"Viu? Eu não minto."

E saí correndo.

Meu pai se sentou, apoiando-se nos braços que ficaram um pouco atrás de seus quadris. E me viu correr para o mar e ir nadando, nadando para o fundo.

Levantou-se assustado e da beira da praia gritava:

"Volte já para cá."

Eu ria e ria muito.

Ele foi nadando até onde eu estava.

Falei para ele todos os palavrões que havia aprendido com meu primo naquele verão. Eu nunca havia falado um palavrão sequer na vida, muito menos para o meu pai.

Ele notou que realmente eu estava embriagada. Dois copos de água cheios de caipirinha. Nem sei como foi que ele conseguiu me trazer até a praia.

Comecei a passar mal. Fim do passeio. Todos para São Paulo. Depois de muito vomitar, fui no banco de trás, deitada com a cabeça no colo de alguém – *seria da minha irmã?*

Policiais de trânsito pararam o carro de meu pai. Havia atravessado a ponte pênsil com o sinal fechado. Era só um carro por vez. Ele pediu desculpas, afinal sua filhinha estava passando mal e ele a estava levando para o hospital.

Os dois policiais de moto – cada um tinha uma – olharam para o banco de trás e lá estava eu, esverdeada, mareada, acabada.

"Pode deixar, doutor. Iremos abrindo caminho à sua frente."

Assim, com dois batedores, chegamos até a Santa Casa de Santos. Foi a única vez na vida que dois batedores abriram caminho para mim.

Meu pai agradeceu muito e se despediu dos dois, que ainda queriam me levar para dentro do hospital. Por sorte não levaram e voltamos a São Paulo. O que diriam de uma criança embriagada?

Levar-me de volta para minha mãe, naquele estado, não foi fácil para ele, presumo... Eu só queria provar que não mentia.

Houve outra ocasião, em que meu pai nos levou a um fim e semana no sítio de sua nova sogra. Fomos felizes e preocupadas. Nunca havíamos passado um fim de semana com a nova família do papai: a esposa, a sogra e a filha. Linda irmã mais nova. Loirinha de olhos azuis. Usava botinhas ortopédicas, que achei maravilhosas.

Tudo foi bem. Fomos aprender a nadar no açude, levamos ovos cozidos, pão e salame. Piquenique com o papai. Legal! Havia uma cobra. "Nada de medo", dizia ele, "cobra-d'água não faz nada".

Sua sogra, dona Cecília, contou um episódio de seu cavalo empinar ao ver uma cobra. Ela caiu do cavalo, mas depois conseguiu montar novamente, pois estava sozinha. Muita dor, com as costelas quebradas. Não era mulher de ter medo de nada.

Que bonito, pensei.

À noite eu dormia no quarto dela. Cada uma em uma cama.

Antes de dormir meu pai inventou que deveríamos beber leite com açúcar queimado.

Eu odiava leite.

O cheiro de leite me dava enjoo.

Só tomava mesmo na mamadeira, aquelas de bico grande, com açúcar e com café. Leite puro, de jeito nenhum.

Mas o pai não sabia e quis impor sua vontade.

Fez o leite do jeito que ele gostava e me deu um copão. Obrigou-me a tomar. Foi um horror. Bebi o maldito leite e fui deitar. Não demorou a fazer efeito. Vômitos e mais vômitos. Ainda bem que dona Cecília fora enfermeira e pôde cuidar bem de mim.

Quando voltei, contei para minha mãe que eu fora muito bem tratada. Que tinha gostado muito da mulher de meu pai. Que eu queria que ela também fosse minha mãe.

Ah! Que frase funesta.

Nunca mais fomos passar fins de semana com a nova família dele.

"Roubou meu marido e agora quer roubar minhas filhas? De jeito nenhum."

Foi coisa de criança.

Eu amava minha mãe.

Não a trocaria por ninguém.

O pai

Pai bonito.
Gritavam na rua: "Alemão !".
Era claro, olhos azuis, queimado de sol.
Adorava nadar e tomar sol.
Mulheres o perseguiam.
Bonito homem de nariz fino.

Passeios com ele eram sempre com o coração meio aflito.

Sem intimidade de conviver, de comer junto todos os dias.

De vê-lo ao acordar, fazer a barba, ir ao banheiro... Será que meu pai ia ao banheiro? Nunca o vi.

Ensinou-me a nadar no açude, de fundo esquisito, lodo mole, desagradável.

Aprendi a nadar para não pisar naquela lama molenga. Argh!

Papai nos segurava pela calcinha e de repente notei que não segurava mais.

Eu estava nadando.

Depois me ensinou a andar de bicicleta, a correr na praça, a guiar carro. Moto foi invenção minha, mas ele gostou.

Ele tinha brevê. Gostava de voar. Até que minha mãe escreveu um poema sinistro de um desastre medonho e ele era a vítima. Nunca mais voou.

Puberdade

O vestido era branco com flores vermelhas.
Saia rodada, sem mangas.
Festa de adolescentes.
Eu deveria ter uns 12 anos de idade.
Fui convidada a dançar. *Seria o twist?* Algo assim.
Rock'n'roll?
O jovem que dançava comigo caiu no chão, escorregou.
Continuei dançando.
Ele se levantou e manchou meu vestido branco e vermelho com sangue de seu nariz.

Continuamos dançando.

Ao final, me aproximei de minha mãe que conversava com um casal.

Quem seriam?

O homem, me olhando, comentou para minha mãe: "Ela será uma mulher fatal."

O que significaria isso?

Fatal de fatalidade?

Nunca esqueci essa frase.

Casei-me com 14 anos.

Tive uma filha com 17 anos.

O pai de minha filha morreu quando ela tinha 9 anos.

Tornei a me relacionar e tornei a me separar e também morreram namorados, maridos, amigos queridos.

Foram morrendo.

Causas naturais, crimes, acidentes, torturas, doenças.

Encontro um jovem na rua.

Parece familiar.

"Sou filho de seu antigo colega de redação."

As imagens desse antigo amigo vão surgindo e o filho diz:

"Meu pai morreu há alguns anos."

Outra jovem me visita:

"Meu pai foi seu colega de redação.

O que você se lembra dele?

Ele morreu há alguns anos."

Foram morrendo.

Os que não morreram, como eu, envelheceram.

Já não nos reconhecemos nas ruas, nas casas, nas memórias.

Memórias de tantas horas.

Alguns mantêm seus traços.

Outros perderam suas faces nas esquinas escuras das alegrias e das amarguras.

Quem sou eu?

Quem é você?

A televisão ligada me faz companhia.

Os cães dormem em minha cama.

Dar-me-ão espaço para eu me deitar confortavelmente?

Ou vou dormir torta, encolhida, amassada para não os incomodar?

Escrevo.

As teclas ressoam.

Memórias.

Viúva.

Tantas vezes viúva.

Viúva de mim mesma.
Onde foi que morri?

Este corpo de agora não é o meu de outrora.
Esta face de hoje mais parece com a de meu avô do que minha.
Esta mente que não mente e reconhece a incessante transformação.
Ossos viraram pó avermelhado.
Meias de polietileno intactas no cemitério.
Erro em sorrir da dentadura sem face.

O avô e a avó

Onde ficaram seus bigodes, vovô?
Suas mãos de dedos longos e sua ternura tão pura?

Pediu-me um cigarro do maço.
Cheirou, olhou, tornou a cheirar e me devolveu.
Havia fumado muito.
Ficou tuberculoso.

Parou de fumar para nunca mais, para sempre.

Eu gostava de seus sapatos, seus ternos discretos.
Seus cabelos ondeados e macios.
Deixava-me penteá-los com a cabeça recostada na poltrona.

Tocava piano e violão.
De ouvido.
Cantava e me ensinava a cantar.
Ensinou-me a dançar, a jogar baralho.
Tirou-me do castigo.

E, um dia, caiu do bonde.
Quebrou o fêmur.
Pulei na cama alucinadamente.
Alto e alto pulava.

Fui visitar vovô no hospital.
Tinha catarro – lembrança da tuberculose.
Recuperar-se-ia?
Vovô.
Voltou mancando um pouco.
Casacos de lá longos.
Sentia mais frio do que antes.

Sentava-se ao sol.
Chapéu.
Sempre usou chapéu de feltro ou de lã tradicional, antigo.
Vovó o amava. Enciumava-se.
Sentavam-se à mesa de jogo, lado a lado e tocavam suas mãos com ternura.
Amor. Suavidade.
Ela rezava e rezava muito.
O terço.
Filha de Maria.

Aprendi a falar palavrões.
Nunca os diria na frente do vovô.
Para a vovó era divertido.
Ela fazia o sinal da cruz e dizia:
"Cruz Jesus Sacratíssimo."

Aprenderam latim nas escolas, aprenderam francês.
Dançavam o minueto.
Eram lindos.
Eram primos-irmãos.
Casados com autorização do Papa.
Dos seis filhos, três morreram – dois bebês e...
Sarita.

Inesquecível. Tinha 20 anos, 21 anos de idade.

Estava noiva. Era virgem. Tinha os cabelos cacheados e dourados, olhos cor de mel. Morreu de choque operatório.

Teve tuberculose renal. Tuberculose renal? Não resistiu à cirurgia – como tantas outras Saritas...

No poema de minha mãe, sete anos mais velha:
"Pela noite escura, à tua procura minha alma andará
Em que sol estrela hei de um dia vê-la, minha doce irmã?
Em vão te procuro e me amarguro nesta vida vã.
Em te procurando vai-se me sangrando triste o coração.
Tanta formosura guarda com usura esse teu caixão.
Tua cabeleira, luminosa esteira nessa noite escura
Será como um sol doiro, rútilo tesoiro dessa sepultura.
Olhos deslumbrados, plácidos doirados não os esqueço.
Não permanecerão gravados na minha canção.
Tua beleza, de pura nobreza, já não mais se vê.
E ante os rudes céus
Eu pergunto a Deus: por quê? Por quê?

Ficou minha vida ao meio partida quando ao teu fim
Pois contigo levas, em meio das trevas, metade de mim
Hei de estar contigo nesse teu jazigo minha doce irmã
Que manso fado jazer ao teu lado por todo amanhã.
Quero adormecer, sem amanhecer junto ao teu caixão.
Amo a sepultura e essa noite escura que me acolherão.
Pois, sem medo ao nada, minha morta amada,
Mão na tua mão quero enfim morrer, murchar e não ser no teu coração."

E sobre o noivo, um outro poema:
 "A noiva lhe morreu e ele em profundo pranto
 A desdita chorou e chorou tanto
 Que nos olhos as lágrimas lhe secaram
 E ei-lo cego a todos encantos
 Além dos tristíssimos pegos

 Mas o tempo, de mãos balsâmicas dormentes
 Fê-lo os votos olvidar

Os rogos veementes
Que a seus mimosos pés outrora fez
Então, Laerte amou pela segunda vez

Em meu coração cheio de amor humano
Eu me revolto e choro
Eu estremeço e clamo
Contra esse noivo infiel
Que a morta noiva trai

Mas, tu, talvez, que nos jardins dos céus vagueies
Doiro os cachos devagar meneies
E num sublime amor tu lhe murmures: Vai."

Mulher fatal?
Fatalidades.
Quantas das histórias da família.
Mortes e massacres de índios.
Filhos e filhas.
Fazendas gigantescas.
Senhor do mato.
Capitão Apiaí.
Políticos, líderes, senhores de terras e de escravos.
As escravas amamentando minhas e meus ancestrais.

Os escravos brincando, cantando, educando meus ancestrais.

Raça negra.

Negra como a noite.

Dentes brancos como a lua.

"O galo cantou, é para amanhecer."

Horas e horas em volta da fogueira.

A mesma música, a mesma letra.

Alegria e tristeza mescladas na voz, nos passos.

Vovô pequeno participava.

Aprendia.

Eu o vejo lá, na fogueira.

Menino.

Depois adolescente, brigando com seu irmão, no cavalo, sendo deixado para trás, o pulmão furado por um galho.

Mais tarde o olho.

Depois o fogo nos cabelos.

A morte dos dois meninos bebês.

A perda das fazendas, das riquezas.

O palacete no Rio de Janeiro, o cinema, o prédio de apartamentos.

Tudo consumido na crise de 1929.

Emprego na USP.

Tesoureiro.

Sarita.

Saudades.

A filha mais velha morando junto com o casal agora idoso.

Brigando.

Asma, magreza, tristeza e ouvido perfeito, tocando piano assim como o pai.

Cecília – que vida tão triste, sozinha, magrinha, sem poder respirar.

No apartamento pequeno de quarto e duas salas, dormia na sala em cama de solteira, onde minha avó também dormia.

Vovô tinha o quarto só para ele.

Algumas peças de prata de um talher antigo e pesado.

Algumas fotos.

Um coração de Jesus.

Vovó queria ser freira, mas vovô chegou com seu violão e roubou seu coração.

"Na casa branca da serra
Onde eu ficava horas inteiras
Entre as esbeltas palmeiras ficaste calma e feliz

Por que os céus não me puniram?

Por que não se abriu a terra?
Quando meus olhos te viram
Na casa branca da serra.

Nunca te visse, oh formosa
Nunca contigo eu falasse
Antes nunca te encontrasse
Nesta minha vida enganosa

Por que os céus não me puniram?
Por que não se abriu a terra?
Quando meus olhos te viram
Na casa branca da Serra."
(Composição de Guimarães Passos e Miguel Emídio Pestana)

Amor uniu e os manteve unidos.
Quando vovô morreu – não, eu não fui vê-lo morto.
Não queria vovô morto. Queria ele vivo.
Estava bravo comigo.
Meu namorado corria na sala e eu corria dele.
Brigávamos.
Minha mãe me chamou:

"Não faça cenas em frente ao seu avô. É ofensivo."

Seria?
Queria mostrar a ele como eu era forte e decidida.
Ele ficou furioso.
Eu parecia uma rapariga.
Nunca mais nos falamos
Vovô, eu o amava tanto.
Vovó, no dia do enterro dele declarou:
"Meu filho morreu."

Desde então nunca se recuperou.
Que vovô a esperava.
Que precisava estar pronta para ele.
Já não reconhecia minha mãe.
Foi com a filha Cecília morar em outro apartamento.

Morreu vovó, que me dava beijinhos de Jesus depois de comungar.

O passado se rompe.
Cenas, algumas cenas.
Benedita, que Cecília criara desde pequenina, outro dia veio me ver.
Vovó, bisavó.

Bonita, forte, alegre, amada.

Lembro-me de sua voz, e sua voz me traz memórias.

Faz-me lembrar e chorar uma saudade sem fim, de um tempo que não volta mais.

Por sorte a lágrima não cai no teclado.

E os dedos continuam teimosos a contar e recordar uma tristeza tão profunda, de uma saudade absurda de todos eles e todas elas, de mim mesma, minha irmã.

A irmã

Eu a vejo de cabelos lisos, menina, com roupas iguais às minhas.

Atualmente quase nunca nos encontramos.

Vive, vive sim.

Fotos das tias, primas de minha mãe, na praia, no Rio de Janeiro, Posto 6. Que ano seria? Década de 1930?

Maiôs de lãzinha fina, pernas longas com bermudas, gorduchas.

Agora a gorducha sou eu, nos maiôs de pernas cobrindo parte das coxas.

O mar, o sal, as águas. O Sol e toda a vida.
Adoradoras do Sol.
Eu e minha colega do jornal passávamos o dia todo deitadas na praia.
No mar algumas braçadas, nadando para refrescar e voltar a nos deitar.
Sol que alimenta.
Sol que dá vida.
Ficava tão queimada de sol, um queimado curtido com cuidado, com bronzeadores.

"Minha filha pretinha", dizia mamãe.
"Quem é esta mulata?"

Os cabelos curtos, o cigarro, a bebida, o carro, a moto, as noites e o dormir ao amanhecer.

Eu mesma

"Meu filho homem..."

Era eu.

Que amava os homens.

Mas nunca me fixei.

Rodei e troquei de parceiros, à procura do príncipe encantado.

Que encantamento é esse?

Complexo de Cinderela.

Fui percebendo que não era bem assim.

Era inteligente, era bonita, era jovem e de família classe média – mais alta do que baixa.

Seduzia, era seduzida.

Um jogo de poder e glória.

Inglórias.

O que me ensinou a andar de moto? Morreu.

O que me inspirava a escrever melhor no jornal? Morreu.

Anos e anos depois, no Japão, um monge me procura.

Casamos.

Trouxe-me de volta ao Brasil.

Último romance.
Dezoito anos mais novo do que eu.
Queria saber o que eu sabia.
Queria ser quem eu era.
Acabou desistindo – foi ser ele mesmo.
Separamo-nos.
Ele voltou ao Japão. Casou, teve uma filha e morreu.

Os que não morreram ficaram acidentados, feridos, machucados, despedaçados. Outros vivem bem, amados e com sucesso apreciam suas vidas. Tantas vidas... Nunca quis mal a ninguém.

Mesmo às pessoas que não me entenderam nem me amaram, mas me usaram em vingança e raiva de suas amadas em brigas.

Mulher fatal?
Mortes e memoriais, oro por todos e por todas.

Fiz o voto de castidade.
Vivo essa nova realidade.
Tranquila.
Sem afetos pessoais, sem sexo, sem sedução.
Entrego-me ao mestre Dogen, brilhante pensador do século XIII.

Hoje, meu grande amor.

Nas práticas meditativas, nos textos dos sutras sagrados, nos ensinamentos de Buda por mestres e mestras transmitidos, renasço monja.

As memórias são memórias vagas.

Apagando-se na névoa da grande *cloud* armazenadora.

O presente é.
Causas e condições de quantas vidas em uma vida?

Respiro.
Setenta e dois anos de idade.
Desde os 28 no Caminho Zen.
Quarenta e quatro anos de prática meditativa.
Já não sou quem fui. Nem sou quem serei.
Se feri e incomodei, não foi com essa intenção.
Procurava o Caminho, a luz, a vida.
Pensava que no sexo, nas drogas, na música encontraria um sentido a uma vida vazia.
Encontrei o nada.
Ao encontrar o nada encontrei o todo.

De quinze em quinze dias me arrependo, repetindo o poema/prece:

"Todo carma prejudicial alguma vez cometido por mim
  desde tempos imemoriáveis
  devido a minha ganância, raiva e ignorância sem limites
  nascido de meu corpo, boca e mente
  agora, de tudo, eu me arrependo."

Lua cheia e lua nova.
Shin-getsu – coração mente lua – meu nome monástico.
Co en – só círculo, órfã completa – meu nome zen.

Fases da lua, faces na rua.
Sem nada faltando, sem nada em excesso.
Experiências que nos transformam e transformam o mundo à nossa volta.

Amores amados.
Passado no passado.
Ferro a vapor – evapora a dor.
Leio e velo.
Revelo o zelo de querer o bem de todos os seres.

"Todos gritarão que não foi que não foi
Essa é a grande lei
Mas meu pai foi rei
Não o rei de espadas numa mesa de jogo
Mas o rei
Quem de nós não foi rei só porque abdicou
Quem de nós não foi rei
Por ter renunciado, anônimo, suicida,
Ao que mais quis na vida."

"Tens um porte tão leve e tão faceiro
E uma alma tão bondosa e pura."

"E, se acaso voltar, o que hei de dizer quando me perguntar?"

"Gargalha e ri num riso de tormenta."

"Vem por aqui, dizem-me alguns com olhos doces..."

"Homem ficou na Terra à luz dos olhos teus."
"Deus? Eu não creio nessa fantasia..."

Poesias, trechos de poesias cujos nomes e autores não me lembro, brincam em minha memória.

Surge uma frase e outra mais.

Sou uma mistura de poetas e poetisas, de textos e de filmes, de músicas e de TV. Uma pitada de jornal e de revista. Agora de YouTube, rádio, Instagram e Facebook.

Comunicação.

Teria sido essa a razão de minha mãe me ensinar a declamar antes mesmo de aprender a ler?

Palestras, teatros lotados, plateias aplaudem e há quem grite:

"Eu te amo, monja!"

"Você salvou minha vida!"

E cá vou eu a pensar que são todas essas pessoas que eu amo, sem amar nenhuma em particular.

São todas elas que me salvam, pois me fazem lembrar dos ensinamentos de Buda.

Sou apenas uma pessoa que aprendeu a ler, escrever, entender, memorizar e colocar no coração ensinamentos que podem fazer o bem a todos os seres – pois sou um dos seres.

Quando falo, palestro, dou aula, sou simultaneamente a professora e a aluna. Aprendo, invento, reinvento, corrijo, transformo a mim e ao mundo.

Leveza. Sorrio até para a dor, o vazio do desamor.

Procuro desenvolver a capacidade de compreender e sentir compaixão pelos malvados e malvadas do mundo.

Algumas vezes dá certo, outras nem tanto.
Continuo tentando.
E você?

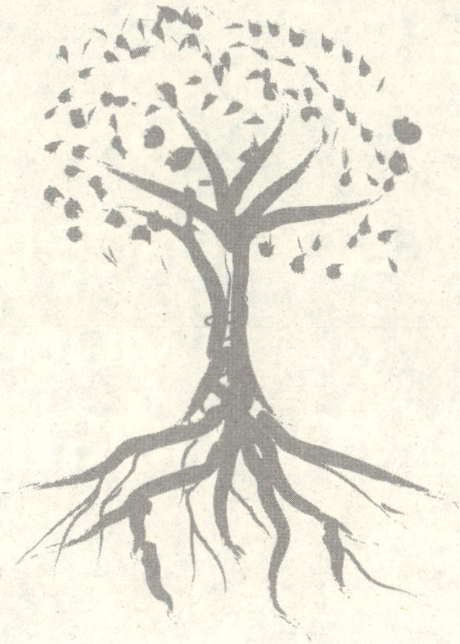

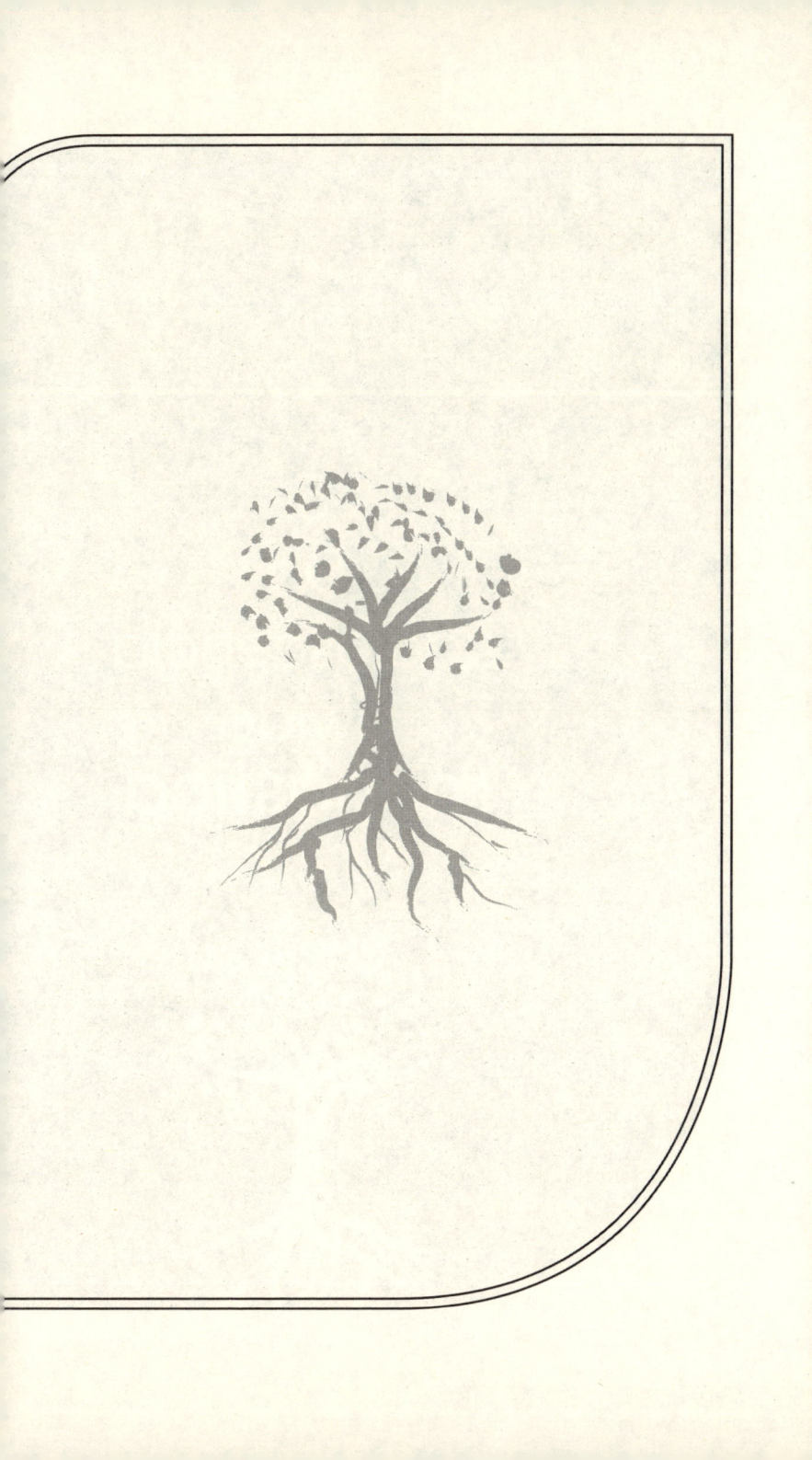

5.
Da adolescência à vida **monástica**

MAS SE TUDO É ESTE EU, SE TUDO ESTÁ INCLUSO E FAZ PARTE, MESMO A PROCURA, MESMO A DÚVIDA, MESMO A IGNORÂNCIA. É POSSÍVEL ACESSAR ESSE ESTADO MENTAL, CHAMADO DE SAMADHI. UM ESTADO DE TRANQUILIDADE SERENA, QUE NOS PERMITE VER A REALIDADE ASSIM COMO É E ATUAR DE FORMA DECISIVA E CLARA, COM DIGNIDADE E COMPOSTURA.

Em um transatlântico, voltando da Europa.
Trazia um baú cor-de-rosa e branco com meu vestido de noiva que fora bordado em meu corpo, em Paris.

Havia sapatos Dior e outras roupas, dentre elas me lembro de um vestido justo rosa com pequenas flores coloridas e delicadas no decote reto e fechado, comprado ao lado do museu do Louvre.

O museu do Louvre, inesquecível a estátua da *Vitória de Samotrácia*. Movimento na pedra, alada. Reencontrei uma cópia sua, há poucos anos em Montevidéu, num órgão público. Mais impressionante e bela do que a *Vênus de Milo*.

O quadro de Eugène Delacroix, *A liberdade guiando o povo,* e de Théodore Géricault, *A balsa da medusa* – uma jangada com náufragos. Imagens mais impressionantes para mim, aos 13 anos, do que a *Monalisa*, cujos olhos me acompanharam ao caminhar.

Estávamos hospedadas nas proximidades da Sorbonne. Almoço em pequeno bistrô de estudantes. Eu só queira a entrada e a tábua de queijos ao final da refeição. O garçom se irritava comigo. Eu precisava escolher um prato do almoço.

Não, eu só queria comer coquille Saint-Jacques e queijo brie.

Num restaurante vietnamita aprendi a usar os hashis. Na Torre Eiffel, no restaurante ao alto da torre, a maravilha das bananas flambadas. E o Bateau Mouche, as pontes... O rio Sena.

Foi lindo. Mas eu ficava algumas vezes até mais tarde no quarto, escrevendo cartas de amor, recebendo cartas de amor. Queria me casar. A viagem era um meio expediente de meus pais para me convencerem que seria melhor não casar. Haviam ameaçado me colocar num colégio interno na Suíça. Eu os ameaçava com a minha possível fuga do colégio.

Tiveram que se render e me casei.

Era feliz.

Aprendi a fritar ovos e fazer macarrão na manteiga.

Era pouco.

Na hora do almoço meu marido vinha me buscar no nosso pequenino apartamento em um bairro mais afastado do centro – nem sei onde era – para irmos almoçar no apartamento de sua mãe.

Ficava até depois do jantar, ou mesmo até mais tarde.

Jogávamos cartas com a irmã dele e o seu noivo e depois marido.

Meu pai comprou um apartamento maior e mais próximo.

Os móveis do pequeno apartamento desapareciam no grande.

Eu queria ter filhos, mas não engravidava.

Fui ao médico. Era tão jovem, 15 anos. O médico disse que eu tinha útero infantil. Pedi remédios para engravidar. Havia injeções. Eram muito dolorosas. Tomei duas doses e desisti. O tempo passava.

Meu marido saiu do emprego numa multinacional e comprou dois carros de corrida.

Eu ia ao cabeleireiro todos os dias. Fazia muita maquiagem, tinha unhas longas e pintadas, vestia-me com roupas discretas e elegantes, usava luvas três-quartos e fumava usando piteiras.

Meu professor de inglês dizia que eu parecia uma estrela de cinema.

Diziam que era muito bonita e vaidosa.

O marido teve um acidente de carro, quase morreu.

Na recuperação sugeriu que eu fizesse um curso de modelo.

Fui. Passei a andar com mais consciência. Nunca atuei como modelo.

Engravidei. Grande alegria.

Ele passou a trabalhar à noite, ajudando um amigo que tinha uma fábrica de bebidas alcoólicas. Chegava de manhã em casa, trocava de roupas e saía novamente. Meu pai me disse:

"Marido dorme em casa e come com a mulher."

Eu não me importava. Estava grávida e feliz.

Mas, comecei a reclamar.

Brigamos.

Ameacei quebrar seus discos de jazz e gospels.

Mudou-se.

Sua irmã veio com ele buscar suas coisas.

Traidora.

Algumas vezes passava de carro, com minha irmã, em frente ao apartamento do seu amigo, para onde ele se mudara.

Nunca o vi.

Aparecia na TV, comentando corridas de automóvel e eu tricotava o enxoval do meu bebê.

Queria que fosse menino. A vida das mulheres não era fácil. Aos homens tudo era permitido. Às mulheres, quase nada.

Fiz um curso de parto sem dor. Minha mãe dizia que ter filhos não era assim tão doloroso.

Comi uma melancia grande, inteira.

A bolsa estourou à noite. Minha mãe telefonou ao médico – que fosse ao hospital.

A mala do hospital estava com minha irmã, no carro dela, que estudava medicina e morava com meu pai.

Eu e minha mãe fomos ao hospital.

Eu queria fazer maquiagem antes de ir. As contrações eram fortes. Respirar era difícil. Não deu para fazer a maquiagem.

Estava com um vestido bege, de grávida.

No hospital as enfermeiras foram rudes:

"Na hora de fazer, gostou né?"

Eu reclamava que estava doendo muito.

Queria ficar em pé, me obrigavam a deitar na maca.

Elas saíam e eu me levantava.

Gritaram comigo, se eu queria que meu bebê morresse, caindo no chão.

Levaram-me para a sala de parto.

Entrou um anestesista. Tudo estava ficando verde.

Olhei para ele e sorri. Pela cara que ele fez, era um sorriso bem esquisito o meu.

Acordei no quarto.

A barriga ainda estava muito grande. Minha irmã ao meu lado. Perguntei:

"Menino?"

"Menina", ela disse.

"Ah! Coitada, mais uma a sofrer."

Depois ela veio mamar. Carinha redondinha.

Ela nasceu no Dia dos Pais. Meu pai me visitava e pensavam que ele era o meu marido. Eu não queria que minha mãe chamasse o meu marido que já nem morava comigo e não tinha me procurado por meses. Ela chamou. Ele veio me visitar com uma amiga que, pelo menos, não entrou no quarto. Falou um palavrão qualquer, me provocando, pois eu não gostava que falassem palavrões.

Foi registrar a menina.

Mandei-o embora e fiquei meses sem o ver.

Mas, não precisava de nada ou de ninguém.

Quando cheguei em casa, do hospital, meu pai obrigou minha mãe a ficar fora do quarto para que eu ficasse sozinha com minha filha. Coloquei-a sobre a cama, tirei todas as roupinhas. Nua e linda. Forte. Braços e pernas redondos, carinha redonda, lua cheia. Examinei todo seu corpinho e pensei que ela seria uma boa atleta ou bailarina. Era linda e eu a amei profundamente.

Era maravilhoso ser mãe, amamentar, lavar as fraldas e os cueiros, ferver, passar a ferro.

Lia muito enquanto amamentava deitada de lado...

Dava vontade de ir ao banheiro.

A primeira-dama do governo do Estado de São Paulo veio me visitar.

Quando minha filha fez 2 anos de idade meu pai me perguntou:

"E agora? Vai estudar ou trabalhar? Ficar em casa só cuidando da filha embrutece."

Fui estudar. Fiz curso de madureza, exames, passei. Continuei no segundo curso e passei. Fiz vestibular. Queria estudar Filosofia ou Teologia. Meu pai criticou tanto que fui estudar Direito na PUC.

Nessa época arranjei emprego no *Jornal da Tarde,* no JT. Larguei a faculdade. Fui ser jornalista profissional.

Deslumbramento e desapontamento.

Novo olhar sobre a vida, o mundo.

Era repórter da editoria geral – nunca sabia o que o pauteiro teria para mim.

"Não vive na flauta quem vive de fazer a pauta."

Continuava lendo muito.

Via pouco minha filha.

Comprei uma moto 350. Levava minha filha para a escola e só a reveria no almoço do dia seguinte.

Bebia, fumava, trabalhava, vivia jornal, dia e noite.

Minha mãe cuidava da menina linda, que crescia forte.

Tive um acidente de carro.

Sarei.

Voltei para a rotina do jornal. Namorei jornalistas e desenhistas. Morei com um que bebia muito e tinha várias mulheres. Era brilhante, inteligente e depravado. Brigávamos, cenas fortes, escrevíamos nas paredes da casa, pichávamos as paredes com frases agressivas um para o outro.

Nessa casa havia uma rede.

Fábia ficava alguns dias conosco, raramente. A vida do casal era violenta e sensual.

Minha mãe chamou seu primo César, um poeta, para que fosse me socorrer uma noite em que ele ameaçava entrar à força em casa.

Voltei a morar com minha mãe.

Tentei suicídio antes disso. Tomei todos os remédios que havia em casa.

Coloquei minha camisola do primeiro casamento, que era linda, de seda pura e bordados – toda branca ou creme.

Fechei as janelas e me coloquei para morrer.

Estava tudo muito desagradável e eu queria dormir, ir embora daquela cena.

Por alguma razão o companheiro jornalista voltou. Havia esquecido alguma coisa ou queria brigar mais? Nunca saberei. Ele já morreu.

Eu dormi e só sei que acordei em um hospital fazendo lavagem estomacal. Havia tomado uma grande dose de antibióticos Tetrex. Era o único remédio que havia em casa.

Meu psiquiatra – sim, ia a um psiquiatra – José Angelo Gaiarsa, estava, pela primeira vez, bravo comigo:

"Quer dormir? Vou colocar você numa clínica para dormir bastante."

Assim, me internaram.

Dormi e me cansei daqueles médicos que queriam qualificar minha doença mental, diagnosticar, colocar minhas dificuldades em nomes e caixinhas.

Pedi para sair. Saí.

Fui para a Inglaterra numa licença não paga, para ficar seis meses – estudar inglês e aliviar as dores da visão do mundo e da vida nua e crua que o jornalismo me mostrara.

Amores e desamores.

Vomitei durante todo o voo.

Separar-me da minha filha era doloroso.

Fui.

Aluguei um apartamento em um *basement*.

Fui procurar um caminho de conhecimento e sabedoria sem saber onde procurar.

Entrei no mundo das drogas e fiz amigos e amigas inglesas e escocesas.

Apaixonei-me. Separei-me.

Voltei ao Brasil.

Reencontrei minha filha e quis só ficar com ela.

Fui visitar dr. Rui, que me abriu as portas para voltar ao JT.

O redator-chefe da época vetou meu retorno: "Não gosto de quem vai embora e depois quer voltar. Isso não dá certo".

Não voltei.

Fui dar aulas de inglês numa escola.

Ficava mais tempo com minha filha. Brincávamos.

Envolvi-me com pessoas estranhas. Reencontrei os primos Mutantes e um grande amigo, Chico. Ele era gay e nós amávamos ficar juntos, falar da Inglaterra, ouvir a música de Jimi Hendrix, The Who, Pink Floyd, Yes.

Nos encontrávamos na Cantareira para ouvir os Mutantes e brincar com eles. Sempre havia muita gente. Ouvíamos música em silêncio em sua casa ou na minha casa. Tentamos morar juntos uma época. Não deu certo. Ele se enciumava de meus namorados, que hoje seriam chamados de ficantes.

Houve sexo pelo sexo com ternura com músicos, primos, amigos, afetos e desafetos.

Acidente de moto. Recuperação. Separação.

Casei-me com um norte-americano e fomos para a Califórnia.

Minha filha ficou com minha mãe. Novamente.

Fui trabalhar no Banco do Brasil.

Encontrei o Zen...

Minha filha me visitou algumas vezes.

Ríamos, nos amávamos. Choro no encontro e na despedida.

Tantas e tantas vezes.

Saudade infinita.

Depois me ordenei monja, fui ao Japão.

Vinha pouco.

Filha, filha minha.

Soube que sofreu, que um noivo a enganou, roubou, gastou, abusou do seu amor infantil, de sua carência e dos bens que recebera pela morte de seu pai num acidente internacional de aviação.

Ficou de cama, deprimida. Meu pai proibira minha mãe de me contar. Pois eu estava longe e nada poderia fazer.

Quando soube, tudo já estava resolvido.

Ela terminou a faculdade de psicologia, teve outros amores, teve uma filha linda, minha neta, e eu me casei com um monge japonês.

Depois me separei e voltei a morar com minha mãe e minha filha. Havia me comprometido com minha mãe que cuidaria dela na velhice.

Causas e condições assim corroboraram e cumpri meu compromisso.

Morreu mamãe.

Morreu papai.

Órfã combina com meu nome monástico.

Órfã completa de pai e mãe e dos dois mestres originais – o de ordenação e o de transmissão.

Tenho ainda viva minha mestra de treinamento, exemplo e inspiração de vida – Aoyama Shundo Docho Roshi.

Assim continua a história da minha vida. Um novo capítulo o de monja zen-budista, que volta ao Brasil e pode ficar mais perto dessa filha quase irmã, a neta e bisnetos, o genro e o genro neto. Há mais de quarenta anos no caminho zen.

Maior parte do tempo entre alunos, palestras, viagens, eventos, atendimentos, livros, contratos, também estão sempre incluídos a filha, a neta, os bisnetos, os genros e a família da irmã – em seu devido lugar – na vida de monástica cuja prioridade é a transmissão dos ensinamentos de Buda para desenvolver uma consciência iluminada universal.

Que todos os seres possam despertar e viver com plenitude.

Nada possui uma autoexistência separada substancial.

Tudo que existe é o cossurgir interdependente e simultâneo.

Havia quase me esquecido – entre o divórcio original, do pai de minha filha e o jornal –, casei-me por alguns meses. Foi um amor profundo e doce.

Montamos apartamento, eu o amava muito, ele gostava de mim e acolhia minha filha. Mas tinha ciúmes de eu ter sido casada e brigamos, nos separamos. Doeu. Sofri, perdi um bebê.

Frio, frio, muito frio.

Gelando.

Morri junto com o meu bebê.

Depois voltei a estudar.

Namorei um colega que amava outra pessoa.

Quando fui trabalhar no jornal não suportou e se foi.

Casou-se com sua amada, tiveram um filho que era muito diferente dele, loirinho. Ele era moreno. Encontrei-o numa loja de doces e nunca mais o vi. Soube depois que havia morrido. Foi quem me ensinou a andar de moto. Fui uma das primeiras mulheres a comprar moto em São Paulo, tive um pequeno acidente e comprei uma moto maior. Depois vendi tudo para ir para a Europa.

London London – espelho mágico do mundo.

Museus, shows, gente jovem, roupas estranhas.

Chapéu-coco, vestidos longos e macios.
Era jovem e ninguém me conhecia.
O nome de família não significava nada.
Ser ninguém.
Perder-me na multidão – era bem agradável.
Sensação de liberdade.
Onde quer que estivesse estava livre.
Era feliz.
Compartilhava livremente tudo que tivesse.
Só não queria compartilhar o meu amor, um jovem líder escocês que nos mostrava um caminho de libertação e autoconhecimento de transcender o eu... Interessante. Nunca mais o vi, soube que arranjou emprego de motorista de caminhão na Escócia, que se casara com uma mulher que tivera sete filhos... Seria verdade?
Nunca saberei.
Passamos por pessoas e pessoas passam por nós.
De algumas aprendemos, de outras desaprendemos.
Vamos nos fazendo e refazendo, como diz professor Cortella, grávidos de nós mesmos.
Continuum...

Saudades de minha filha.
Uma saudade sem fim.
Mesmo perto sinto falta.

Tanto que não compartilhei desde os 7 anos de idade, eu trabalhando, viajando, indo e vindo, na clausura, no voto monástico.

Hoje fazemos ioga juntas duas vezes por semana.

Nossa professora não é uma pessoa comum. É mestra da arte de ser. Todas as suas aulas são muito bem estruturadas e projetadas. Walkiria Leitão. Fins de semana revendo suas anotações e pensando em suas alunas.

Posturas, relaxamentos, respirações, alongamentos.

E palavras de sabedoria, ensinamentos que nos elevam e nos fazem refletir sobre a verdade e o caminho.

Ioga do corpo e da mente.

Hataioga é o Sol e a Lua – luz, brilho, claridade dia e noite unidos.

Samadhi dos samadhis.

Certo dia esta senhora loira e elegante veio falar comigo.

Queria que eu fosse dar uma aula prática de meditação para suas alunas, em Perdizes. Que elas precisavam se lembrar que ioga não era só corpo. Era mente também.

Fiquei apreensiva. Esta senhora era tão bonita e tão elegante, estariam suas alunas abertas ao zen? Abertas às práticas que aprecem não levar a lugar algum, mas que levam à essência do Ser?

Fui. Levei os zafus. O marido da professora, muito gentilmente me recebeu e ajudou a levar os zafus para a sala de ioga.

O cháo era de tatame japonês. Já me senti em casa.

Depois de doze anos vivendo sobre tatames, reencontrá-los foi muito agradável. A sala era ampla e iluminada. Quadro de Jesus – sua face suave. Quadro das deidades indianas, um ser das águas de braços abertos em outra parede.

Vieram muitas alunas e alguns alunos homens, poucos.

Sentamo-nos em zazen, falei do zen-budismo e da mente. A professora havia preparado uma mesa de bolos e salgados, chá, sucos e café. Comemos, conversamos. Ela havia solicitado doação das participantes. Entregou-me tudo que haviam dado. Seu marido me ajudou a recolocar os zafus no carro.

Antes de ir embora perguntei a ela: "A senhora me daria aulas de ioga?"

"Mas você é uma monja."

"Sim, mas poderia ter aulas de ioga com a senhora?"

"Individual?"

"Não, prefiro em grupo."

"Vou pensar."

Teria eu perguntado algo impróprio?
Seria inadequado monja praticar ioga?
Aguardei com certa ansiedade.

Duas semanas depois ela me telefonou.
"Pode vir, vou colocá-la no grupo das mais antigas."

Assim fui à primeira aula. Havia uma senhora de 91 anos de idade ao meu lado e outras senhoras mais novas.
Fiquei.
Reconheci meu corpo.
Consciência do corpo e da mente.
Algumas vezes saía da aula para a piscina do SESC.
Minha filha e minha neta queriam ir à piscina.
Fomos algumas vezes e elas desistiram. Eu também.
Minha filha quis fazer ioga comigo.
A professora acabou aceitando.
Há anos frequentamos juntas e apreciamos a nossa professora, que teve a mesma formação de um grande amigo e também professor de ioga, Marcos Rojo.

É uma bênção poder ter conhecido alguns dos pioneiros da Hataioga no Brasil – professor Shimada, professor Hermógenes, professora Celeste (os três já falecidos) e meus dois grandes parceiros de caminhada, professora Walkiria e professor Marcos Rojo.

Assim, fui aprendendo um pouco sobre Patanjali – o sistematizador da ioga e percebendo várias interligações entre o zen e a ioga. Lembrando que Xaquiamuni Buda, o buda histórico, foi praticante de ioga, de forma sistemática e contínua, na Índia, há mais de dois mil e quinhentos anos.

Percebo como é difícil relaxar. Tensionar é mais fácil.

Manter a presença em cada gesto e movimento. Da ponta dos pés à cabeça, de uma extremidade a outra dos braços.

Não se comparar. Nem com você mesma nem com outras praticantes.

Cada dia é cada dia. Cada postura é cada postura.

Respiração consciente. Pranayama. Energia vital circulando livremente.

Hoje, em nossa sala de práticas de ioga, Sua Santidade, o XIV Dalai-lama medita em um pôster bem grande, Jesus nos observa do outro lado, próximo a outros deuses e deusas indianos. Na antessala há um grande Buda de metal, um quadro búdico e Paramahansa Yogananda – fundador do *Self-Realization Fellowship* nos cumprimenta ao entrarmos. Próximo está um quadro da Escola de Lonavla, na Índia.

Um pouco de buda indiano, um pouco de budismo tibetano, um pouco do Japão budista. Tornei-me discípula praticante de ioga.

Inspiro-me e posso agora ver além da aparência cuidadosa e bela da nossa professora, esse ser que despertou, que foi discípula de Rodhen, que procurou pela verdade e pelo sentido da vida em filósofos e pensadores do Ocidente e Oriente. Sem superstições e crendices, reconhece o valor de ficar só e estudar, sempre ser capaz de se aprofundar na verdade.

Há quase dez anos o professor Marcos Rojo me convidou a ir com um grupo conhecer a Índia. Pude participar em um trecho da viagem. Há muito tempo queria ir à Índia. Assisti a cremações, molhei meus pés e mãos no rio Ganges, meditei no Taj Mahal e orei pelos seus mortos. Vi pessoas escovando os dentes com pedaços de galhos, como nos livros sagrados budistas. Vi outros lavando roupas e louças com cinzas, também dos textos sagrados antigos.

Uma mistura de passado no presente. Recebi o abraço da mãe do abraço, entrei no templo dourado de Shiva, em Varanasi. O sacerdote brâmane desenhou um símbolo na minha testa, com cinzas, e ao voltar para a rua senti-me em casa, na minha terra Índia, e fui reconhecida, cumprimentada pela população local.

Om Namah Shivaya

Há uma trindade: o criador, o mantenedor e o destruidor.

Shiva representa o movimento, a destruição, a transformação necessária para que a criação continue – há momentos a se manter e momentos a se transformar.

"Nada fixo, nada permanente neste mundo" – são ensinamentos de Buda.

Vi muita riqueza e muita pobreza. Ratos vivos e mortos, crianças de faces malformadas, sem olhos, pessoas com hanseníase e dedos enrolados em panos brancos, pedindo esmolas. Vi castelos, imagens quebradas. Vi monjas e monges meditando, orando e se prostrando à volta da árvore Bodhi. Gado magro comendo plástico. Cachorros comendo crianças mortas. Esgotos abertos e muitas pessoas.

Carros e caminhões buzinando, buzinando... e locais silenciosos. Carros de luxo, hotéis magníficos, banquetes.

Tudo natural. Templos de diferentes religiões. Flores, incensos. Um reconhecimento ancestral.

O local onde Mahatma Gandhi foi assassinado e seus pertences: um par de óculos, talheres, alguns papéis e lápis.

A sua roca, onde tecia suas roupas brancas de algodão – o que teria sido um protesto contra a exploração inglesa da indústria de tecidos.

Empoderar os mais fracos.

Havia um congresso na cidade e a professora Lia Diskin era uma das representantes do Brasil.

Não a encontrei em Deli, mas a conheci, anos e anos atrás, sempre defensora de uma cultura de paz e não violência ativa. Cofundadora da Associação Palas Athena de Estudos Filosóficos.

Fui acolhida na Palas quando saí do templo Busshinji, na Liberdade. Durante alguns meses dei aulas e meditação, abençoada e protegida pela professora Lia, defensora da justiça e da verdade.

Houve um complô, houve mentiras, falsidades de senhores descendentes de japoneses. Senhores de cabelos brancos, aposentados, ricos... Eu me tornara um obstáculo para suas façanhas. Eu me opunha a suas decisões, que considerei inadequadas. Muitas pessoas não japonesas frequentavam o templo. Ele crescia e corria o risco de sair do controle desses senhores. Mentiram, difamaram. Que eu me passava por episcopisa (bispa). Foi lamentável. Coincidiu com a menopausa. Sangue derramado. Meus quatro cães Akita me protegiam com seu amor. Foi a época do divórcio do monge Shozan. Tantas mudanças. Voltei a morar com minha mãe, meus alunos alugaram um espaço próximo ao Hospital das Clínicas.

Ali começou meu templo. Altares, zafus, e uma imagem de Kannon Bodisatva – símbolo da Compaixão, veio de Tóquio a São Paulo nos abençoar.

Mudanças, mudanças.

Algumas doídas, sofridas.

Outras macias.

E, de repente, percebi que tudo fazia parte e era necessário.

Sem rancores, sem temores, sem julgamentos.

Cada um só pode manifestar o que é, e o que tem é o que pode dar.

Veio um monge japonês assumir o templo na Liberdade.

Eu ficara lá por seis anos e trabalhara muito. Fazia toda a faxina do templo, zazen todas as manhãs e liturgias. Fins de semana cerca de 20 missas memoriais. Além dos enterros, dos casamentos, das bênçãos de crianças, das palestras e das aulas de meditação. Tudo intercalado com passeios dos dois casais de cães Akita, que não podiam sair juntos, pois brigavam.

Caminhava muito. Bem cedo, antes das 5h da manhã e depois das 22h, além de dois passeios rápidos durante o dia.

Nunca me cansava. Dormia tarde e acordava cedo.

Discípulas e discípulos recebiam os Preceitos.

A comunidade japonesa me acolhia e pedia que orasse por seus mortos e falasse com seus descendentes em português para os ensinar sobre o zen.

Fui convidada pelo cônego Bizon, naquela época padre José Bizon, da Arquidiocese de São Paulo, a participar de encontros inter-religiosos.

Fui.

Mais tarde a professora Lia me convidou a fazer parte da Iniciativa das Religiões Unidas – URI –, Círculo de Cooperação de São Paulo.

Conheci padres e freiras, monjas e monges, xeiques e rabinos, pais e mães de santo, pajés e caciques indígenas, budistas de outras ordens, espíritas. Enriqueceu-me o olhar e a visão da realidade.

Caíram as torres gêmeas de Nova York.

Sensação de fracasso.

Retomamos, por iniciativa da mãe Sandra de Iemanjá, pensamos em um fórum permanente inter-religioso, que o governo nos desse espaço, salas, local e reuniões. Acabamos criando um grupo na Assembleia Legislativa do Estado de São Paulo, depois de muitas reuniões, afetos e desafetos, política...

Dedicava-me tanto ao inter-religioso – retiros, reuniões, encontros – que meu grupo zen foi se desfazendo. Uma noite cheguei para o zazen e só havia duas pessoas na sala.

Larguei o inter-religiosos e suas complicações de jogos de poder e decisões. Voltei a fazer zazen e mergulhar nos ensinamentos da minha ordem.

Toda a inter-religiosidade foi importante para não me sentir só e desamparada. Éramos muitos, em situações semelhantes.

O tempo passa, a roda gira.

"Você sai do templo Busshinji, mas continua nossa missionária."

O superior geral da ordem me dissera na reunião em que pediram minha cabeça.

Aqueles senhores de cabelos brancos mentiam bem à minha frente. Eles sabiam que estavam mentindo.

Minha superiora havia me dito para não responder às acusações. Não resisti. Respondi. Tinha pilhas de provas contrárias. Erros de impressão e da imprensa local. Tudo provado que eu nunca me passara por um cargo que não tivera. Nem leram meus papéis. Ao final da reunião, quando finalmente eu disse:

"Compreendo, peço demissão."

Minha superiora disse a todos na sala (eram muitos homens):

"Lamento muito ter assistido a este absurdo. Deveriam ter dado um prêmio a ela por ter mantido o templo e o feito crescer nesses últimos seis anos. Que vergonha! Certamente o senhor, que agora assume o templo no lugar dela, não terá sucesso. Não porque eu vá fazer algo contra o senhor, ou por rogar uma praga. Nada isso. Alguém que não tem a capacidade de liderança, que não sabe trabalhar conjuntamente com a monja Coen, definitivamente fracassará em sua missão de bispo para a América Latina."

Todos abaixaram a cabeça e silenciaram.
Ela é, foi e será sempre muito respeitada em nossa ordem.
Almoçamos todos juntos depois disso.
Voltei ao Brasil.
Escrevi minha carta de demissão. Eu era a presidenta eleita da comunidade.
Meus alunos alugaram a sala em Pinheiros.
Voltei a morar com minha mãe.
Pude cuidar dela.
Pude abrir um templo.
Pude ter algumas horas livres nos fins de semana.
Foi divertido andar pela cidade sem muito trânsito.
Fui entrevistada por Chico Pinheiro.
Conheci Frei Beto.
Fiz caminhadas meditativas nos parques da cidade.
Minha neta recebeu os preceitos budistas. Mais tarde minha filha também fez os votos de discípula de Buda.
Ela me ajudava, praticava comigo. Suas amigas se enciumaram. Ela se afastou.

Minha neta cresceu, casou, tem dois filhos.

Minha filha se estabilizou num casamento amoroso. Seu marido é o produtor do meu programa na Rádio Mundial e organizador do livro *Zen para Distraídos*.

O marido de minha neta é um dos sócios da MOVA Filmes que me lançou no YouTube e hoje conta com mais de 1 milhão de seguidores.

Saio pelas ruas e sou reconhecida com ternura.

Fui visitar o ex-presidente Lula. Adorei conhecê-lo, ouvir e ver seus olhos. Meditamos juntos. Foi antes de seu netinho morrer.

Continuaria ele meditando? Nunca mais nos falamos.

Pessoas me insultaram por tê-lo visitado. Outras me agradeceram.

Não agradamos a todos o tempo todo, já disse Lincoln.

Acredito firmemente que a meditação será um dos elementos de transformação social e política de toda a humanidade.

Conhecer a si mesmo, como me lembrou o professor Karnal em nosso livro conjunto, *O inferno somos nós: do ódio à cultura de paz*.

Potência e excelência, indica o professor Clóvis de Barros Filho.

Questionar-se e estudar, afirma professor Cortella.

Assim, dialogando com homens sábios, vou reconstruindo meus pensares.

Discípulos se tornam professores.

Monges e monjas, leigos e leigas.

Vou cumprindo minhas metas e funções monásticas, pessoais, sociais e familiares.

Cães e gatos me acompanham. Nascem e morrem.

Alegro-me, me preocupo e me lamento.

Vida segue correndo.

Morte segue morrendo.

Assassinatos, terrorismos, descontroles.

Pássaros piando, cachorros latindo, motocicletas roncando.

Somos a vida da Terra.

Vivemos de energia solar.

Pó de estrelas.

Teatros lotados, fotos, autógrafos.

Engordo.

Pratico ioga e faço treinamento funcional com o Carlos, que chega leve e macio.

Minha filha me acompanha e alguns alunos do zen participam.

Transpirando vou movendo braços, pernas, costas e abdômen.

Para envelhecer saudável.
Leio menos do que gostaria.
Canso-me mais do que queria.
Descobri os audiolivros. Gravações em plena atenção – *mindfulness, mind emptiness.*
Presença absoluta. Presença pura.
Silêncio e todos os sons audíveis.
Viver é viver.

Aqui deixo alguns instantes de minha memória.
Como um punhado de folhas em uma grande floresta.

Mãos em prece

Monja Coen

©André Spinola e Castro

Leia também:

MONJA COEN

108 CONTOS
E PARÁBOLAS ORIENTAIS

Autora com mais de 90 mil exemplares vendidos

)|(Academia

MONJA COEN

A SABEDORIA DA TRANSFORMAÇÃO

Reflexões e experiências

))((Academia

MONJA COEN
E NILO CRUZ

ZEN PARA DISTRAÍDOS

Princípios para viver o presente com harmonia

)|(Academia

MONJA COEN

APRENDA A VIVER O AGORA

Conceitos de zen-budismo e atenção plena
para praticar em até 10 minutos

)|(Academia

**Acreditamos
nos livros**

Este livro foi composto em Adobe Garamond Pro e
impresso pela Geográfica para a Editora Planeta
do Brasil em março de 2020.